백제의 철기문화

손 명 조

백제의 철기문화

저 자	:	손 명 조
저 작 권 자	:	(재) 백제문화개발연구원
발 행	:	도서출판 주류성
발 행 인	:	최 병 식
인 쇄 일	:	2008년 3월 11일
발 행 일	:	2008년 3월 18일
등 록 일	:	1992년 3월 19일 제 21-325호
주 소	:	서울특별시 서초구 서초동 1308-25 강남오피스텔 1212호
T E L	:	02-3481-1024(대표전화)
F A X	:	02-3482-0656
HOMEPAGE	:	www.juluesung.co.kr
E - M A I L	:	juluesung@yahoo.co.kr

Copyright ⓒ 2008 by (재)백제문화개발연구원.
저작권자와의 협의하에 인지는 생략합니다.

값 9,000원

잘못된 책은 교환해 드립니다.
ISBN 978-89-87096-98-8

본 역사문고는 국사편찬위원회를 통한 국고보조금으로 진행되는
3개년 계획 출판사업입니다.

백제의 철기문화

◀ 진천 석장리유적
   전경

▶ 진천 석장리유적
   제철유구

◀ 진천 석장리유적 상형로

▼ 진천 석장리유적 출토 송풍관

▲ 백제지역 초기 철기 자료

▶ 화성 기안리유적 단야로

백제의 철기문화

◀ 무안 사창리유적 출토 단야구

▲ 등자

◀ 망이산성 출토 갑주

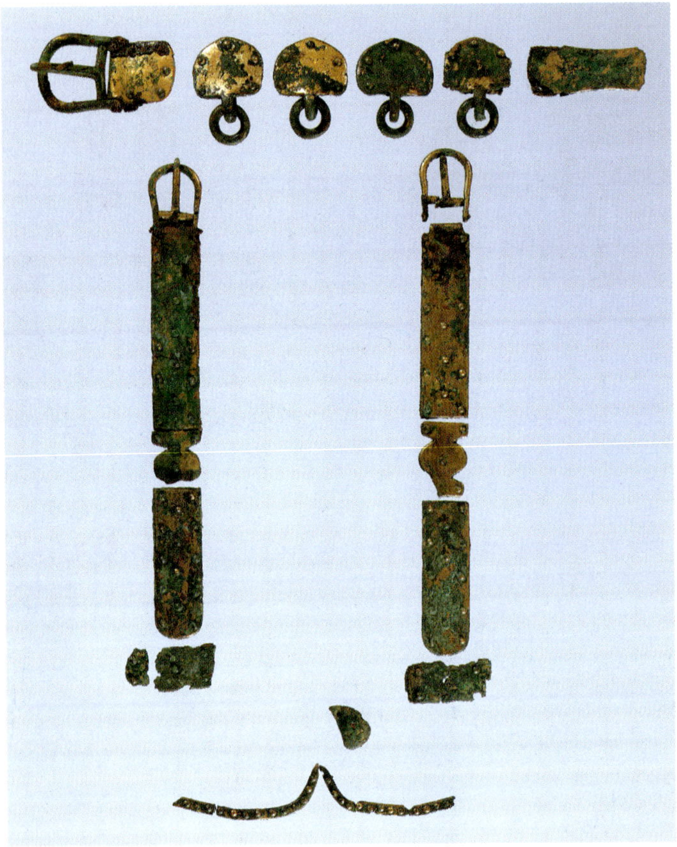

▲ 화살통 꾸미개

▶ 금동제 재갈

▲ 무령왕릉 출토 환두대도

백제의 철기문화

▲ 금동제 투구

▲ 무령왕릉 출토 단봉환두대도와 X레이 사진

◀ 단조박편

▼ 단조 작업시 생성되는 입상재

▲ 단조박편

백제의 철기문화

머리말

 백제지역에서의 철은 백제의 성립과 성장발전에 어떠한 역할을 하였을까? 이러한 질문은 고대국가의 성립과정에서 신라, 가야지역에서의 철의 역할을 보여주는 각종의 자료가 풍부한데 반해 백제지역에서는 발굴조사가 그동안 상대적으로 적었으며 또한 출토자료 역시 부족한 현실이었다.
 그러나 실제 백제의 철은 남한지역에서 가장 일찍 철기가 유입된 지역이고 철생산유적이 가장 일찍 나타난 지역이다. 특히 진천 석장리로 대표되는 철생산유적의 조사는 그동안 백제지역에서 소홀히 하였던 백제의 철기문화 연구에 영향을 미치게 되었고 본격적인 연구도 가능하게 되었다. 이후 기안리유적, 장안리유적, 여주 연양리유적, 가평 대성리유적 등 백제지역 각지에서 철기생산유적이 발견이 되고 최근에는 충주, 청원 등지에서 철생산유적의 확인이 늘어나 백제지역 철기문화의 실체를 밝혀줄 수 있는 자료가 증가되었다.

철(鐵)은 고대사회에서 가장 중요한 사회변동(社會變動)의 주체로 인식되어와 사회발전단계에서 언급되는 농공구의 발달과 이에 따른 잉여 농산물의 증대 및 무기류의 철기화에 따른 군사력의 증대로 인해 이를 기반으로 하는 권력의 집중화와 고대국가의 발생이라는 논리로 전개되어간다. 이러한 논지는 국내에도 그대로 받아져 철기연구의 모델이 제시되어 있고 자연히 철기연구의 대부분이 이러한 논지의 보완적 해석에 주력해 왔다. 그러나 철생산, 철기생산의 실체에 대해서는 피상적 견해만 구하였을 뿐, 그것이 사회변동요인으로서 어느 정도 작용하는지 그리고 그 실상에의 접근은 되지 않고 있다. 철생산은 단순한 생산집단으로서의 의미보다는 철을 매개로 한 교역과 내부적인 공급과 수급체계의 변화에 따른 정치사회적 변동의 동인을 찾을 수 있다고 본다. 이러한 의미에서 철생산, 철기생산의 연구는 그 기초가 되는 작업으로서 연구의 필요성이 있다.

따라서 본서에서는 백제의 고대국가 성장과 발전과정에 중요한 역할을 한 철문화에 대해 그 기원과 전개과정을 정리하고 백제 철의 제작과정을 발굴된 제철유적을 통해 복원하며, 백제철기의 형태적 특징을 기종별로 살펴 보고자 한다.

백제철기문화의 자료가 아직 미약하고 연구가 진전되지 못한 상황에서 이 글을 쓴다는 것은 상당한 부담으로 왔으며, 만족할 만한 결과 또한 도출시키지 못한 아쉬움이 있다. 향후 많은 조사가 진행되길 기대하며 그 훌륭한 연구를 위한 기초가 되는 역할에 만족하고자 한다.

끝으로 본고 집필에 많은 도움을 주신 김일규 선생과 백제문화개발연구원 조부영 원장, 신병순 국장 및 관계자 여러분께 감사의 말씀을 전한다.

2008년 2월

손 명 조

차 례

11 ✧ 머리말

19 ✧ 백제지역 철문화의 시작과 전개

19 ✧ 1. 백제지역 철기의 수용
26 ✧ 2. 낙랑의 성립과 주조철기문화의 쇠퇴
30 ✧ 3. 목곽묘의 성립과 신기술의 도입

35 ✧ 백제의 철 · 철기 제작기술

35 ✧ 1. 백제의 제철유적
36 ✧ 1) 철생산유적
50 ✧ 2) 철기생산유적

71 ✧ 2. 백제의 철, 철기생산기술
71 ✧ 1) 철생산공정

83 · 2) 철기생산공정

93 · 백제의 철기

94 · 1. 철제무기
94 · 1) 대도
103 · 2) 철모
106 · 3) 철촉
110 · 4) 성시구
112 · 5) 투부
114 · 6) 철겸
115 · 7) 갑주
117 · 8) 마름쇠

117 · 2. 기승용 마구
118 · 1) 재갈
120 · 2) 등자

차 례

- 122 · 3) 안장
- 122 · 4) 행엽
- 123 · 5) 운주

- 125 · 3. 철제공구
- 125 · 1) 단야구
- 127 · 2) 목공구
- 130 · 3) 농공구

- 137 · 백제의 공방과 금은동제작기술

- 138 · 1. 백제의 공방지
- 138 · 1) 부여 능산리사지
- 141 · 2) 익산 왕궁리유적
- 144 · 3) 부여 관북리유적
- 146 · 4) 미륵사지유적
- 148 · 2. 공방관련유물

149		1) 도가니
151		2) 용범
153		3) 송풍구
153		4) 원료
155		5) 슬래그
156		6) 기타 공방내 출토유물
157		7) 공방내 출토유물을 통해본 생산품
158		3. 금속공예품(동, 금동, 금 등)의 제작기술
158		1) 원료의 공급
159		2) 금속생산 기술
163		3) 은 생산기술
163		4) 동 생산기술
167		각주
181		참고문헌

백제지역 철문화의 시작과 전개

1. 백제지역 철기의 수용

한반도 철기문화(鐵器文化)의 시작과 전개는 당시 선진지역(先進地域)인 중국 동북지역의 우수한 철기문화의 수용에서 비롯된다. 그런데 그 과정에는 일관된 문화유입이 아닌 몇 차례의 계속적이며 다원화한 양상으로 진행되어 왔다. 즉 반도 내 초기의 유입상황은 전국중만기(戰國中晚期)의 기술적 전통을 가진 철기문화의 영향, 이후 낙랑(樂浪) 성립 이후의 한대(漢代)의 철기문화 유입을 통한 발전, 그리고 고구려 철기문화의 전파 등 크게는 3차례의 큰 변화과정을 거치게 된다.

그러나 북한지역의 다양한 철기문화의 내용을 파악하기에는 현재까지 조사보고된 자료가 매우 미흡하며 또한 한정된 자료에 국한된 실정이다. 따라서 여기에서는 전체적인 흐름 아래에서 철생산과 관련한 초기의 상황을 정리하면서 이것이 백제지역의 철기문화 시작과 발달과정에 있는 의미를 찾고자 한다.

우선 북한지역에서 조사된 유적 중 철기가 출토되는 초기의 유적들을 낙랑 성립 이전까지의 시기에 한정하여 정리하면 다음과 같이 3개의 그룹으로 분류할 수 있다.

1군 : 한반도에 있어 철기의 사용 개시 유적인 청천강(淸川江) 이북 지역인 위원(渭原) 용연동(龍淵洞)[1], 세죽리(細竹里)[2] 등 소위 세죽리-연화보 유형(細竹里-蓮花堡類型)의 주조철기(鑄造鐵器) 중심의 철제품이다.[3] 이 철기들은 그 구성에 있어 단면(斷面) 사다리꼴 주조철부(鑄造鐵斧) 또는 2조돌대주조철부(2條突帶鑄造鐵斧)와 철모, 철겸(鐵鎌), 철괭이, 반달형철도로서 이와 거의 동일한 형태와 기종구성이 요령성 연화보유적(遼寧省 蓮花堡遺蹟)에서 출토되고 있다. 즉 전국중만기(戰國中晚期) 특히 연국(燕國) 철기를 직접 수용하여[4] 수입 사용한 것으로 판단되어 자체적인 생산활동은 없었던 것으로 본다.

2군 : 1군의 다음 단계에 보이는 유적들로서 청천강이남과 동북지역으로 확대되어 나타난다. 황해도(黃海道) 송산리(宋山里)[5], 석산리(石山里)[6], 함흥(咸興) 이화동(梨花洞)[7] 등의 유적에서 출토되는 철기(도면 2군)로서 이들 유적에서는 세형동검(細形銅劍), 동모(銅鉾), 다뉴세문경(多紐細文鏡)의 청동기에 주조철부만이 철기로 부장(副葬)되고 있다. 즉 청동기 부장에 있어 청동부(靑銅斧)만이 재질이 철로 바뀐 것으로 기존의 청동기세력이 철기문화를 받아들이는 과정에서 우선적으로 주조철부만이 선택수용한 상황이다. 출토되는 주조철부는 1군의 주조철부의 형태와는 다른 양상-2조돌대의 주조철부의 소멸, 사다리꼴 주조철부의 변형-으로 기종(器種) 및 형태 변화가 일어나고 있는 점으로 보아 주조기술을 받아들여 자체 제작한 것으로 추정되지만 확실하지 않다. 다만 2군 유적 중 이화동유적(梨花洞遺蹟)에서 검파두식(劍把頭飾)으로 보고된 것이 철광석(鐵鑛石)일 가능성이 있기 때문에 자체 생산의 가능성을 둔다.

3군 : 서북한지역을 중심으로 한 제토광묘유적(諸土壙墓遺蹟)인 평양 상리(平壤上里)[8], 태성리(台城里)[9], 갈현리(葛峴里)[10], 소라리(所羅里)[11]유적에서 출토되는 철기들로서 청동기는 세형동검(細形銅劍)에 세문경(細文鏡) 대신 한경(漢鏡)이 부장되고 철기로는 철검, 철모, 단조철부(鍛造鐵斧), 재갈 등 1·2군의 주조철기에 반해 단조철기 중심의 유물이 출토된다.(도면 3군) 3군은 1·2군과는 구분되는 철기문화의 수용이다. 즉 단조철기 중심의 철기문화 전통은 전국만기(戰國晩期)의 중국의 연(燕), 제(齊), 초(楚) 등 각국의 철기문화와 동일한 양상이다.[12] 이는 역사기록에서도 연제주민(燕齊住民)의 집단이주(BC.209)와 위만조선(衛滿朝鮮)의 성립(BC.194)을 계기로 또 한 차례 본격적으로 한반도의 철기문화 성립에 기조(基調)가 되어 낙랑군(樂浪郡) 설치까지 한반도 서북부지방을 중심으로 독자적인 철기문화가 진행된다.

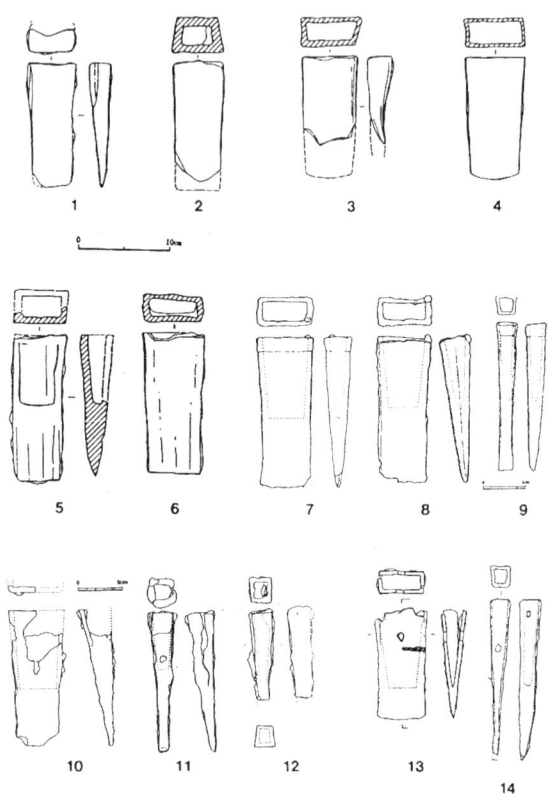

西北韓出土 鑄造鐵斧 及 南韓 初現鐵器
1:黃海北道 松山里 솔뫼골, 2·6:咸鏡南道 所羅里, 3:咸興市 梨花洞, 4:遼寧省 老虎山遺蹟,
5:黃海南道 石山里, 7~9:夫餘 合松里, 10~12:唐津 素秦里, 13·14:長水 南陽里

2군철기

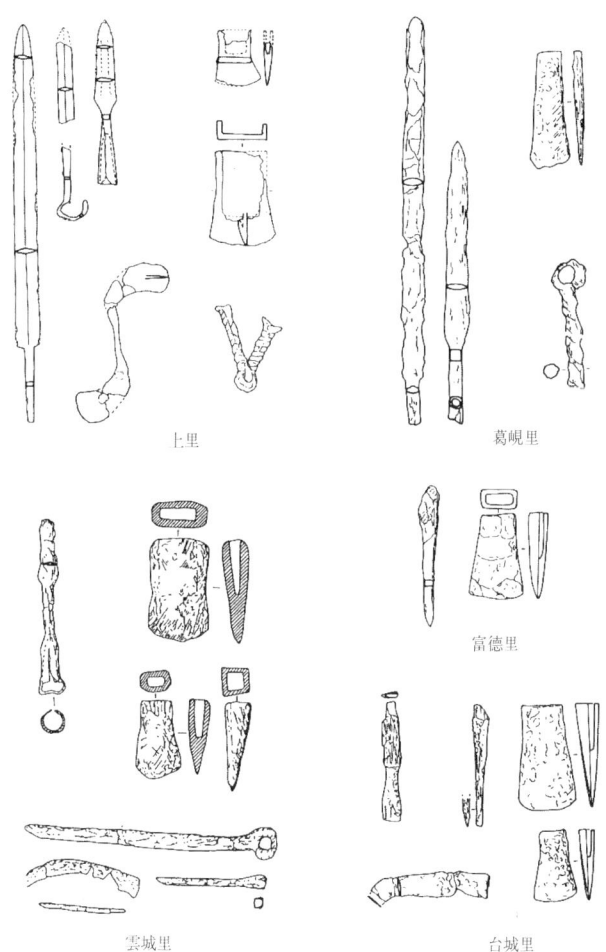

西北韓土壙墓出土 鍛造鐵器
3군철기

북부지방의 이러한 2차에 걸친 이질적 철기문화의 수용은 그대로 남부지방의 철기문화에 이원적 형태를 유지하며 진행되어 그 시작과 전개에 그 영향력을 나타낸다.

먼저 한반도 중부 서해안지역의 제 유적(諸遺蹟)인 합송리(合松里)[13], 남양리(南陽里)[14], 소소리(素素里)[15], 논산 원북리, 익산 신동리, 완주 갈동유적 등의 유적에서 보이는 남한 초현(初現)의 철기들은 북한지역의 2군의 철기양상과 동일한 양상-세형동검, 동모, 다뉴세문경 + 주조철부, 주조철착-으로 출토되고 있음을 알 수 있다. 이는 3군의 철기문화의 배경이 되는 역사적 사건과 이와 관련한 준왕(準王)의 남하라는 이유로 철기문화의 남하인지 또는 2군의 철기문화의 지역범위인지는 알 수 없으나 어쨌든 남한지역 철기문화의 시작이며 그 계보를 2군에서 찾을 수 있다.

이상과 같이 백제지역에서의 초기철기유적(표, 이남규, 2005 참조)은 곧 남한지역 철기의 시작을 알려주는 자료이며 그 기원은 서북한 지역 일대의 철기문화가 그대로 수용되었음을 알 수 있다. 그러나 이 주조철기를 중심으로 한 이 문화는 이후 지속되지 못하고 소멸되는 양상이다. 그 이유에 대해서는 아직 확언할 수 없으나 후술할 새로운 기술의 발달과 기술전이를 통해 새로운 철기문화가 받아들여지기 때문이다.

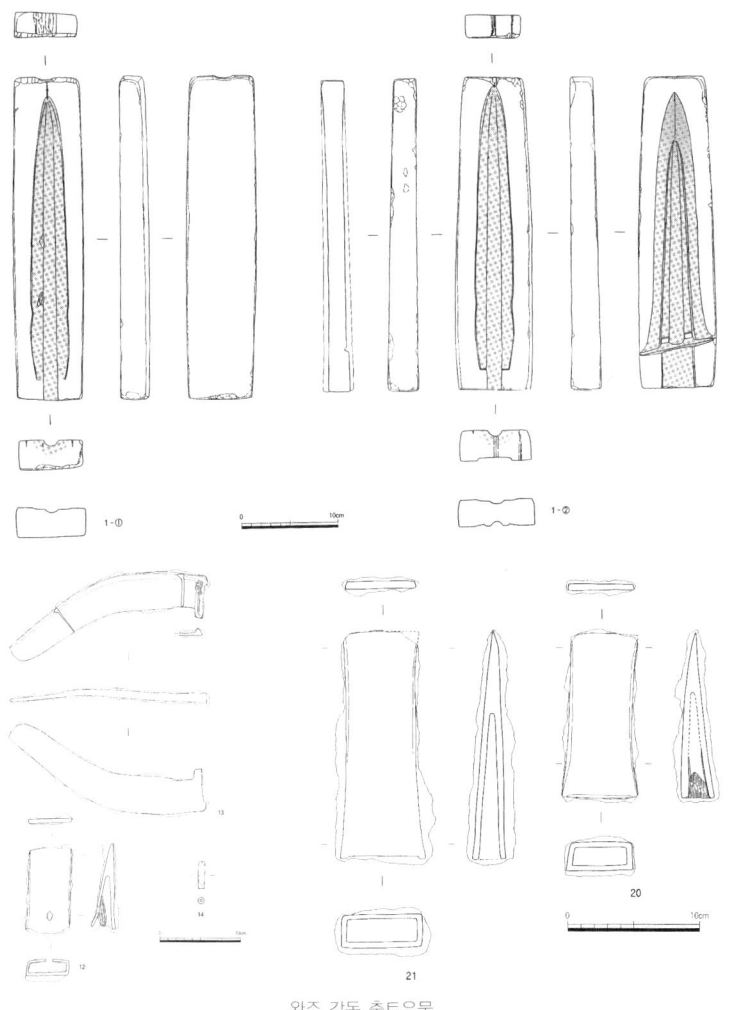

완주 갈동 출토유물

2. 낙랑의 성립과 주조철기문화의 쇠퇴

한반도 내에서의 제철의 시작은 북부지방을 포함하는 경우 매우 이른 시기(늦어도 기원전 2세기)부터 자체적인 철생산이 시작되었다고 보아지지만 문제는 남한지역의 철생산의 시점이다. 먼저 서해안지역에 자리한 집단이 자체 생산능력을 보유하였는가 하는 문제가 있다. 기원전 2세기의 시기에 해당되는 각 유적에서는 주조철부, 철착(鐵鑿)이 청동기와 공반되지만 그 후에는 이 지역에서 주조철기의 전통이 사라진다는 점이다. 물론 아직 조사가 미진한 실정이라고 하지만 그 기술력은 소멸되고 있다. 그 이유로는 철생산이 필요한 제반요소를 찾지 못하였으며 약간의 시기차를 두고 오히려 3군의 영향으로 인한 새로운 철기문화가 동남부지역을 중심으로 진행되고 있는 것으로 보아 새로운 기술력에 의한 단절로 보인다.

한편 중서부지역의 철기문화와는 시간적인 간격을 두고 기원전 1세기를 전후한 시점에 남부지방의 창원 다호리유적(昌原 茶壺里遺蹟)과 대구 팔달동유적(大邱八達洞遺蹟), 경산 임당동유적(慶山林唐洞遺蹟), 경주 조양동유적(慶州朝陽洞遺蹟) 등 각지에서 동시다발적으로 철기의 부장이 시작된다. 이 유적들에서 보이는 철기는 그 구성에 있어 서해안지역의 단순한 주조제품에서 벗어나 각종의 다양한 단조철제품이 출토된다. 이러한 양상은 곧 서북한지역의 제 토광묘유적(諸土壙墓遺蹟)인 3군의 철기문화와 동일함을 알 수 있다. 즉 낙랑군설치와 관련한 또 한

번의 남부지방으로의 파급으로 해석된다. 그 기술적 전통은 한대철기(漢代鐵器)가 아닌 위만조선(衛滿朝鮮)의 성립 이후 계속된 전국만기(戰國晩期)의 기술적 전통을 가진 낙랑고지(樂浪故址)의 철기문화이다. 이러한 남부지방에서 철기문화의 시작은 목관묘(木棺墓) 사용시기까지 특별한 기종의 발생이나 형태변화가 없이 계속된다. 이것은 낙랑 성립 이후에도 남부지방은 적어도 목곽묘(木槨墓) 성립 이전시기까지는 과거의 기술전통이 계속되는 것을 알 수 있다.

이러한 남부지역의 변화양상과 같은 시점 백제지역 특히 한강수계를 중심으로 한 주요 유적에서 이같은 양상이 잘 나타나고 있다. 그 대표적인 것이 가평 대성리유적, 달전리유적 등 북한강 일대의 유적에서 나온 철기들이다.

대성리유적(大成里遺蹟) B지구에서 주조철부와 함께 단조제 소찰(鍛造製 小札)과 주조철, 그리고 철경동족(鐵莖銅鏃) 등이 낙랑계 토기와 함께 출토되었고 화분형토기(花盆形土器), 와질제 낙랑토기(瓦質製 樂浪土器)와 함께 출토되었다. 그리고 달전리유적(達田里遺蹟)에서는 철검, 철극(鐵戟), 철겸, 철부, 재갈 등 모두 단조철기 일색의 유물이 출토되었는데 모두 기원전후한 시기로 편년되는 유적이다. 이러한 양상은 낙랑이 설치된 대동강유역의 철기양상과 거의 유사한 것으로 즉 북한강유역 일대에는 낙랑군의 성립과 함께 그 유민의 이동에 의한 제작 또는 직접적인 영향 하에 직접 철기를 공급받았을 가능성이 높으며 대성리에서는 자체적인 단야유구가 확인되어 철기제작소재의 공급을 통한 자체적인 철기생산이 이루어지고 있음을 알 수있다.

아울러 남한강수계를 따라서도 주조문화 이후의 철기가 출토되는 유적이 발견되고 있다. 여주 연양리, 하남 미사리, 횡성 화전리, 화성 기안리 등이 대표적인 유적

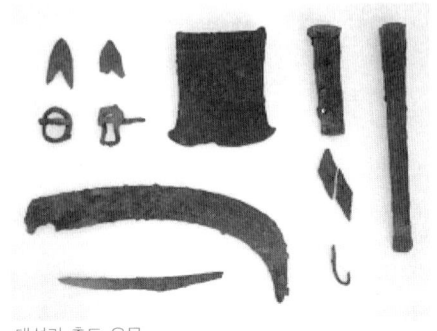
대성리 출토 유물

으로 화전리에서는 가평 대성리유적과 유사한 시기의 철기가 출토되었고 이외의 유적에서는 모두 단야공방과 관련한 유구가 출토되었다. 특히 화성 기안리유적에서는 낙랑토기가 많이 출토되는데 이러한 낙랑의 영향을 보여주는 대표적인 유물인 철경동촉이 양평 우수리, 시흥 오이도, 철원 와수리, 포천 금수리유적 등에서 출토되어 주조문화 쇠퇴 이후 남한강수계까지 급속도로 단조철기문화가 보급되고 있음을 알 수 있다.

한편 금강유역과 영산강유역에서는 그 시작을 알리는 유적으로 익산 신동리유적(益山 信洞里遺蹟)과 군산 관원리유적(群山 官元里遺蹟), 광주 신창동유적에서 철기가 출토되었는데 이후 단조철기의 보급을 알리는 적극적인 자료는 아직 조사되지 않고 있다. 그러나 관원리유적에서는 단조제철검이 동모와 동반되고 출토되고 있어 중심거점지역은 아니지만 낙랑군 설립 이후 철기문화는 백제지역을 비롯한 한반도 남부 전

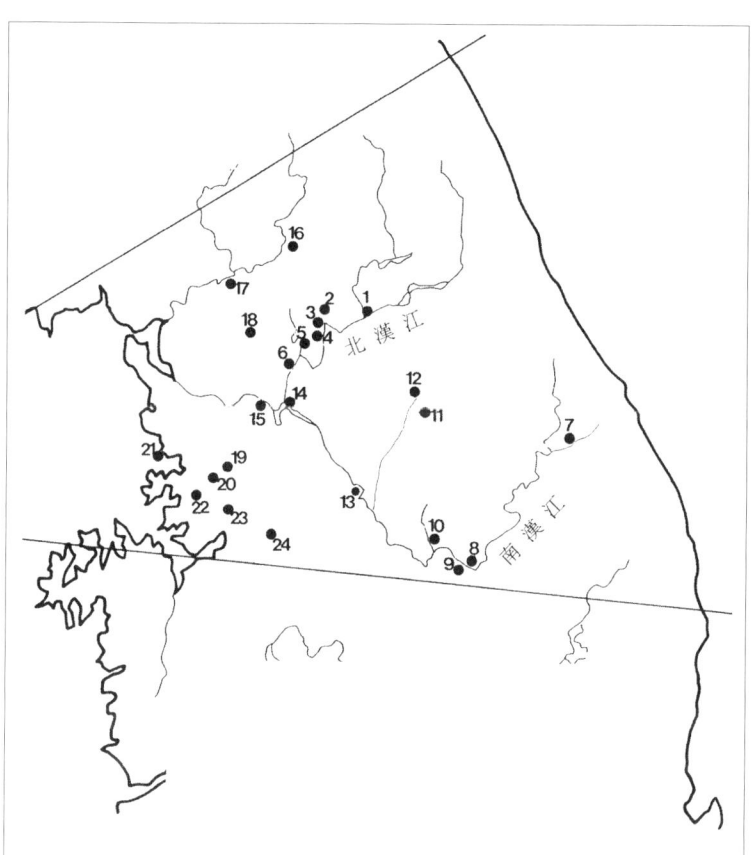

1. 中島 2. 梨谷里 3. 馬場里 4. 遼田里 5. 德峴里 6. 大成里 7. 禮美里 8. 桃花里 9. 陽坪里
10. 荷川里 11. 屯內 12. 花田里 13. 溫陽里 14. 兩水里 15. 渼沙里 16. 瓦水里 17. 三串里
18. 金珠里 19. 西屯洞 20. 旗安里 21. 烏耳島 22. 發安里 23. 水靑洞 24. 孔道

백제 초기철기 수계별 유적 분포도(이남규, 2005에서 인용)

역에 급속히 확산되었음을 알 수 있다.

그런데 여기에서 문제는 이 시기 철생산문제이다. 과연 초기철기유적에서 출토되는 철기는 자체적으로 생산하였는지 아니면 기존의 생산지에서 지속적으로 공급받았는지의 문제가 남아있다. 제련(製鍊)의 시작은 아직 결정적인 자료가 부족한 실정이다. 실지로 초기의 철기출토유적에서 보듯이 많은 양의 철기가 부장되는 것으로 보아 제련의 시작을 이야기할 수 있으나 철기문화에 있어 철기의 사용과 제철의 시작을 같이 볼 수는 없는 현실이며 철생산은 제련을 위한 기술의 습득뿐만 아니라 원료의 확보(광석, 숯)가 더욱 필요하기 때문이다. 또한 지금까지의 조사에서 제련과 관련된 유적의 확인이 되지 않은 상태에서는 더욱 그러하다. 따라서 백제지역의 철생산 여부는 새로운 자료의 증가를 기다려서 정리하여야 할 것이다.

3. 목곽묘의 성립과 신기술의 도입

남부지방에서는 목곽묘의 발생시점을 전후하여 철기문화의 전환기를 가진다. 철생산의 원료인 철광석이 무덤에 부장되고[16] 제련된 선철(銑鐵)의 철괴(鐵塊)가 주거지에서 출토되는[17] 등 남부지방에서 철생산의 시작을 알리는 보다 적극적인 자료가 기원 2세기 전반~중반에 걸친 사이에 나타나고 있다. 이것은 이 지역 목곽묘의 출현과 거기에 부장된 대량의 철기부장을 통해 알 수 있다. 이 시기는 곧 유물의 형태에 있어

서도 이전의 전국만기(戰國晩期)의 전통을 가진 철기에서 벗어나 한대의 철기문화가 본격적으로 나타나는 시기이다. 즉 철모와 철촉(鐵鏃)의 형태변화, 장검(長劍), 환두대도(環頭大刀), 삽날, 쇠스랑과 같은 한식계 철기(漢式系鐵器)의 등장 및 판상철부(板狀鐵斧)에서 봉상철부(棒狀鐵斧)로의 변화 등은 낙랑지역과의 철기제작소재를 관계로 한 계속된 공급과 수요관계가 형성되어 있었으며 지역 내에서 철광산개발과 철제련이란 변화와 함께 신기술의 도입의 결과로 보인다.

이러한 남부지역에서의 변화는 그대로 백제지역에서도 각 지역별로 새로운 형태의 철기가 출토되고 있다. 즉 이전의 한강중심의 수계에 밀집되는 철기 출토양상이 금강, 영산강유역권으로 확대되어 가고 있음을 알 수 있다. 즉 이는 백제지역의 철생산의 진전과 함께 이를 공급할 수 있는 새로운 패턴의 철생산시스템이 나타났음을 보여주는 것이라 하겠다. 다만 아직까지 조사된 자료로서는 대부분의 유적이 3세기 후반 이후에 집중되고 있어 한강수계에 집중되는 시기부터의 변화양상을 이어주는 연결 상황은 파악하기 힘들다. 다만 현재까지의 조사에서 철생산유적의 중심연대는 모두 4세기 전반부터 시작하는 것으로 보아 이 지역 내의 철생산과 직접적인 관계가 있다고 보인다.

백제지역의 원삼국시기의 철기에 대한 정리는 이남규에 의해 잘 정리되어 있다. 이를 살펴보면 금강유역권을 다시 상중하류권역으로 나누어 상류인 미호천유역과 천안지역을 중심지로 보고 주요 유적인 진천 송두리, 청원 송대리, 천안 청당동, 신풍리 등을 대표적인 유적으로 들

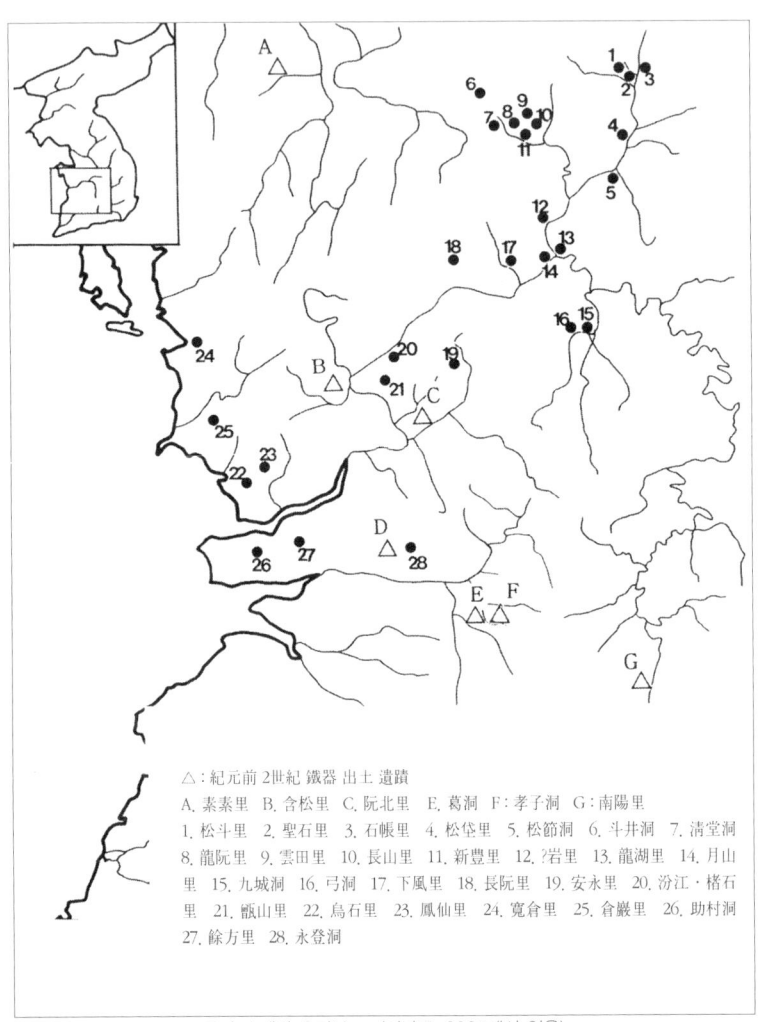

금강 수계별 유적분포도(이남규, 2005에서 인용)

고 있다. 또한 금강중류권으로 연기 응암리, 용호리, 대전 구정동, 공주 하봉리, 부여 증산리 등의 유적이 있는데 모두 시기적으로 후행하며 주로 주구묘에서 출토되고 그 출토량도 매우 적은 편이다. 하류권 역시 군산, 익산 등지에서 몇 예가 있지만 중류와 마찬가지로 그 양이 적은 편이다. 즉 이는 금강권의 상류는 철생산 중심기지와 지리적으로 가깝게 위치하며 또한 정치적으로 상대적 우위에 있기 때문에 철기의 출토 양상 역시 동일하게 나타나는 것으로 보인다.

한편 최근 영산강유역권에서도 철기가 출토예가 늘어가고 있다. 가장 이른 것은 광주 신창동유적의 출토품이지만 이후 연결되는 시기의 철기는 출토되지 않는다. 이후 역시 3세기 이후의 주거지, 패총, 주구묘, 옹관묘 등에서 출토되는 양상으로 조사되는 유적의 빈도에 비해 철기의 출토량은 빈약한 편인데 이는 이 지역 내에서의 철생산이 이루어지지 않은 것으로 판단되어 타 지역으로부터의 수급을 통한 철기사용으로 볼 수 있기 때문이지만 아직 속단하기는 이르므로 자료의 증가를 기다려야 할 것이다.

백제의 철·철기 제작기술

1. 백제의 제철유적

제철유적은 철을 생산하고 생산된 철을 가공하여 제품화까지의 모든 공정의 유적을 일컫는 용어이다. 이 공정 안에는 철을 생산하는 제련, 제련된 철의 성분을 조정하는 정련, 제품생산공정인 용해공정(주조)과 단조공정으로 크게 나눌 수 있다. 따라서 철과 관련된 유적을 논할 때에는 유구의 성격을 정확히 파악하는 것이 선결과제이며, 철생산유적과 철기생산유적은 구분되어야 할 것이다.[1] 철생산유적의 경우는 철광산 및 연료의 확보와 생산물의 이동을 위한 교통로의 확보 등이 갖추어진 곳에 한하여 입지가 가능하기 때문에 이는 철문화 발전과정상의 중심지역으로서 판단할 수 있다. 이에 비하여 철기생산이라는 것은 2차적 생산이기 때문에 철기생산유적의 입지는 가공할 수 있는 철기제작소재를 충분히 공급받을 수 있는 조건이 요구되는 지역이므로, 단순한 단조공방(鍛造工房)의 확인은 집단별 철기소유양상 또는 철기의 보급과 관련한 연구의 대상이라 하겠다. 이 장에서는 그동안 조사된 백제지역에서의 철기, 철생산유적을 소개하고 이들 유적의 조사를 통해 얻어낸 당시 백제의 철문화수준을 알아보기로 한다.

1) 철생산유적

백제지역에서 조사된 철생산유적은 현재 4개 유적이 확인되었다. 이중 진천 석장리유적만이 전면 발굴에 의한 조사와 보고서가 간행되어 있을 뿐이며 충주 칠금동, 청원 연제리유적은 유적의 일부만이 조사되었고 화성 기안리는 철생산유구는 확인만 되었을 뿐 조사는 시행하지 않았다. 지역적으로 충주, 진천, 청원, 화성으로 주로 충주의 철광산을 중심으로 조영되어 있으며 시기 또한 거의 동일한 시점으로 확인된다. 이하 각 유적별로 세부사항을 알아보고자 한다.

(1) 진천 석장리유적(鎭川 石帳里遺蹟)

국립청주박물관에서 1994~1996년까지 3차에 걸쳐 조사한 유적으로 조사면적 1,700평규모에 A구에서 15기, B구에서 22기 등 총 38기의 철생산 관련 유구가 조사되었다. 국내에서는 처음으로 철광석에서 직접 철을 생산하는 고대의 제련시설(製鍊施設)이 조사되었으며 이외 정련로(精鍊爐), 용해로(鎔解爐), 단야로(鍛冶爐) 등 철기생산과 관련된 전체공정의 유구가 조사되어 철기생산에 중요한 자료를 제공하여 주었다.

유적은 충청북도 진천군 덕산면 일대의 낮은 구릉지대에 입지하고 있

진천 석장리유적 전경

는데 발굴조사된 석장리 지점 외에도 구산리 등 인근 지역 7개 지점에서 제련의 흔적이 확인되고 있어 이 일대에서 대규모의 철생산이 이루어졌음을 알 수 있다. 석장리유적 주위에는 알려진 철산지는 없으나 가까이에 위치한 충주·제천·보은·괴산·옥천 등에 철산지가 있고 특히 충주지역을 중심으로 하는 소백산맥권에 밀집 분포하고 있다. 특히 충주지역은 다인철소(多仁鐵所)의 사람들이 몽고군(蒙古軍)을 물리친 기록과 함께 1277년 원(元)의 조공으로 환도(環刀) 천 자루를 제작한 기록이 있는 등 고래(古來)로부터 철산(鐵山)과 관련 깊은 곳으로 충주 이

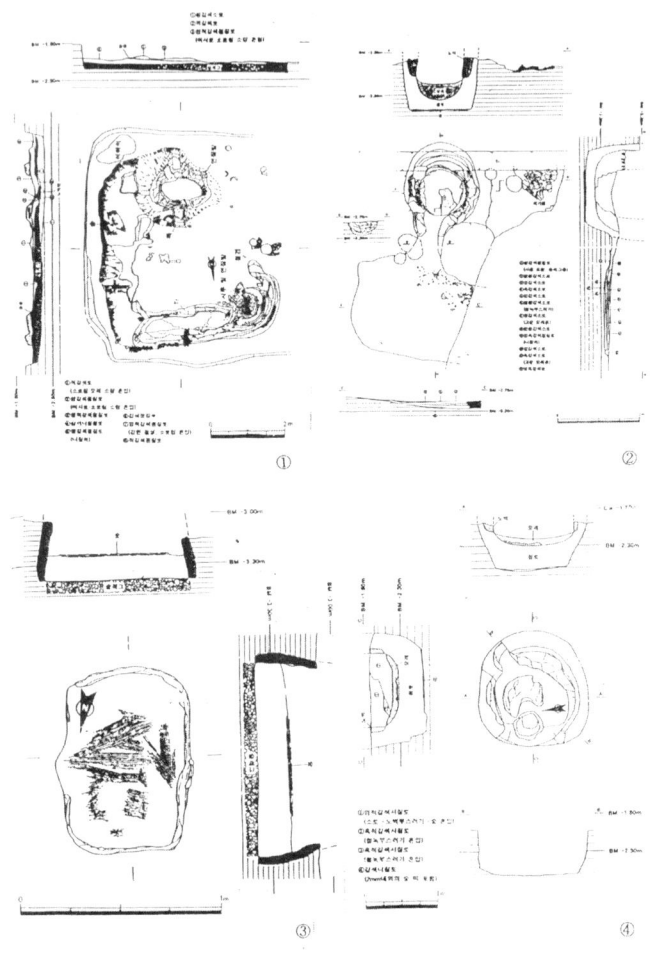

진천 석장리유적

석장리유적 유구

석장리유적 상형로

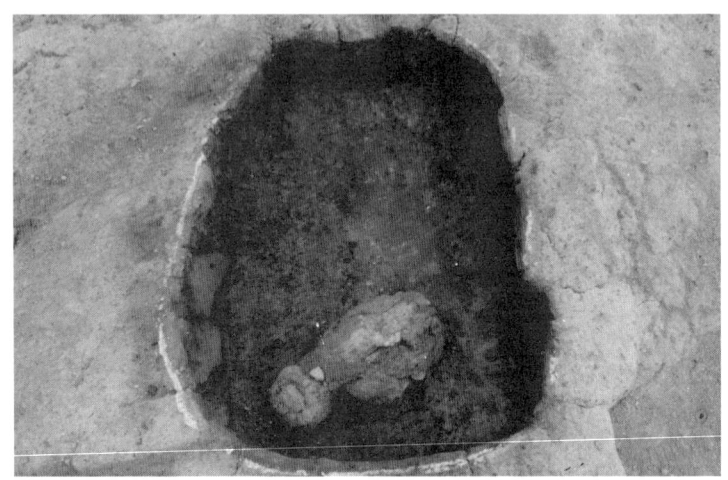
석장리유적 장방형유구

류면 일대에는 40여 개소에 이르는 철생산관련 유적이 남아 있다[2].

  석장리유적에서는 철생산 유구인 제련로를 중심으로 철기생산 유구인 용해로로 추정되는 유구와 단야유구 등이 확인되었다. 제련로는 평면형태에 따라 상형로와 대소형의 원형로, 장방형로 등 다양하며, 구조에 있어 지상식과 반 지하식으로 구분된다. 철생산 관련유물로는 철광석·사철 형태의 광분(鑛粉)·대구경의 송풍관편 등이 확인되었으며 탈탄(脫炭) 또는 원료의 용융점을 낮추는 데 사용되었던 것으로 추정되는 수골(獸骨)·석회석·조개껍질 등도 출토되었다. 이밖에 철기생산 관련 유물로는 주조철부 용범의 하나인 토제 범심편·소구경의 송풍관편 등

석상리유적 원형로

과 단조박편(鍛造薄片) 등이 출토되었다

제련로는 A-1·2·3호, B-23호로와 같은 원형과 A-4호로와 같은 세장방형의 두 가지의 형태를 가진다.[5]

원형로는 반 지하식수형로이다. B-23호의 경우에는 직경 185㎝, 깊이 125㎝의 수혈에 불다짐과 숯이 섞인 회식니질토와 적색점토로서 다지고 모래를 깔아 방습을 위한 노의 하부시설이 확인되었다. 노벽은 모두 동일하게 짚과 굵은 모래를 섞은 점토를 사용하였다. A-3호의 경우에는 노바닥과 거의 30~40㎝ 정도 높이의 노벽부분에 수혈이 확인되었는데 송풍관을 설치한 곳으로 추정하고 있지만 확실하지는 않다.[6] A-3

호와 B-23호로 모두 노의 앞면에 배재를 할 수 있도록 경사면을 만들어 준 구가 확인된다. 이 구의 바닥에는 철재가 흘러내린 흔적과 철재가 쌓여져 있었다.

장방형로는 A-4-1·2호, A-8호가 해당된다.[5] 이 중 상태가 양호한 것은 A-4호로서 방형의 수혈 안에 원형의 노와 함께 한쪽 노에 붙어 확인되었다. 이 노는 지상식으로 바닥면을 점토와 숯으로 정지한 후 그 위에 길이 220㎝, 너비 45㎝의 장방형의 노를 설치하였다. 노의 한쪽 편으로는 호상의 구가 확인되는데 이는 철재의 배재를 위한 것으로 추정하였다. A-8호 역시 이와 유사한 노의 흔적이 방형수혈 내부에서 확인되었다. 그러나 이 노의 형태와 구성이 일반적인 제련로와는 차이가 있어 이것이 제련을 위한 노인지 아니면 제련된 선철을 재가공 처리하는-강을 만들기 위한- 정련로인지는 아직 확실하지 않다.

한편 제련로의 주변에서는 철광석, 철재, 송풍관편, 노벽편, 석회석덩이, 수골, 토기가 출토되었으며 특히 A-1호 노의 서쪽에는 철광석가루 무지가 검출되어 이것이 처음에는 사철제련의 원료로 판단하였으나 과학적인 분석결과 철광석의 분말로 확인되어 사철제련의 가능성은 없어졌다. 그러나 이 분말이 어떠한 역할을 하였는가에 대해서는 여러 가지 의견이 제지되었는데 즉 노에 직접 장입한 것인지, 침탄제 또는 용융점을 낮추기 위한 것인지 또 단순한 철광석 야치장의 바닥면의 현상인지에 대해서는 아직 논란의 여지가 있다.

한편 출토된 철재 특히 유출재의 분석결과 광석제련재의 조직을 가지

석장리유적 송풍관

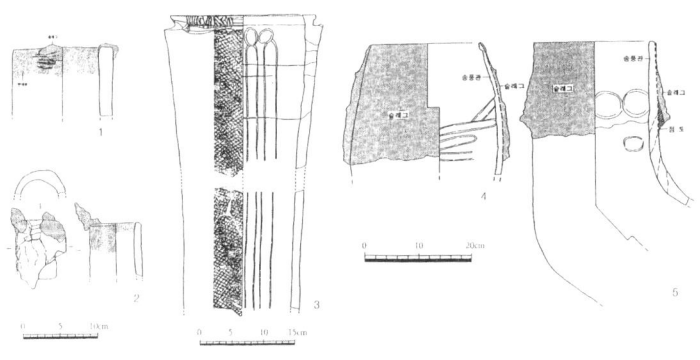

석장리유적 송풍관

석장리유적 노벽

석장리유적 철광석

며 출토되는 철광석과 연계되는 것에서 제련로에서 생성된 것으로 확인되었다.

이외에도 생산된 철을 이용한 관련 제품생산단계인 용해로와 단야로도 같이 확인되었다. 용해로는 확실한 형태를 갖고 있지는 않지만 주조철부 범심편이 출토되어 용해작업을 하였음을 알 수 있다. 단야로는 바닥만이 남아 있었지만 노 주위로 다량의 단조박편이 확인되는 등 단야작업의 흔적을 찾을 수 있었다. 이와 같이 진천 석장리유적은 모든 철 제작 공정을 보여주는 종합적인 주요 철생산단지로서 백제 철생산의 거점 유적이라 할 수 있다. 유적의 시기는 출토유물로 볼 때 4세기가 중심인데 5세기 전반까지의 유물이 출토되어 장기간 동안 조업이 계속되었음을 알 수 있다.

(2) 충주 칠금동유적

유적은 충주의 탄금대의 남쪽 사면에 위치한다. 유적이 위치한 곳은 북쪽으로 조사는 신축건물부지에 대한 긴급조사로 실시하였는데 조사 면적이 비교적 좁은 552의 제범위 안에서 제련로 1기와 수혈, 구, 수혈 등이 확인되었다. 특히 제련로의 동쪽 편에서는 철광석을 파쇄 또는 적치한 장소도 확인되었다. 유물은 제련과 관련된 각종의 철재와 노벽편, 철광석, 송풍관 등이 출토되었다.

제련로는 방형의 수혈을 파고 불다짐을 하고 그 안에 지름 약 2m에 가까운 대형의 노를 설치하였다. 노 저부는 방습을 위한 모래, 숯 등을

충주 칠금동 유적

충주 칠금동 유적

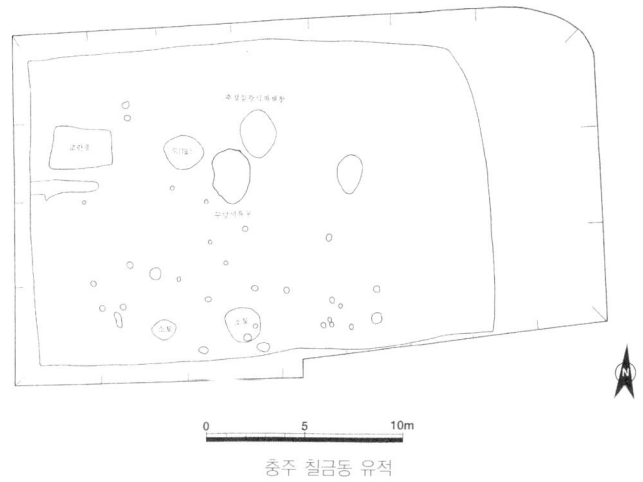

충주 칠금동 유적

이용한 하부시설을 해두었으며 노의 앞쪽에는 배재공간 겸 작업공간으로 보이는 수혈이 연결되어 있다. 노의 형태나 송풍관의 형태, 노벽의 구성은 진천 석장리와 거의 동일한 내용을 보이고 있지만 그 규모에 있어 현재까지 조사된 국내의 제련로 중 가장 대형의 것이다. 이 유적이 위치한 북쪽으로 철광산과 유적 등 천을 통한 원료의 공급과 유통망이 발달되어 있어 조사지역 주변에 상당한 규모의 제련로 단지가 조성되었을 가능성이 높다. 이 칠금동유적은 그동안 충주지역에 철광산이 집중되어 있고 고려, 조선시대의 기록에 가장 많이 등장함에도 불구하고 고대철생산유적이 발견되지 않아 많은 의문을 남겼으나 칠금동유적의

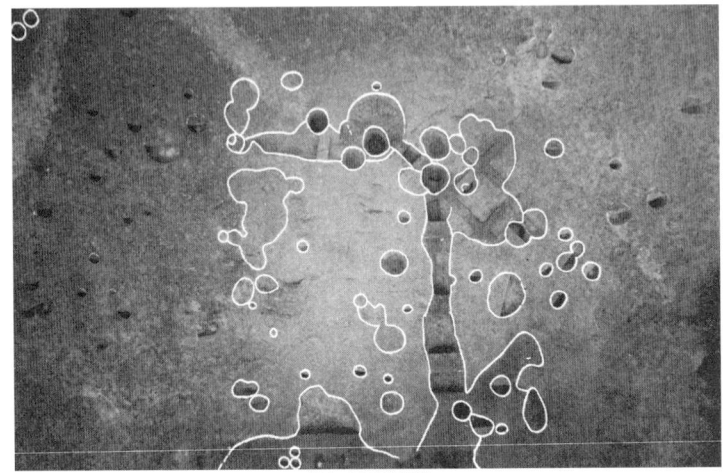
오송 연제리유적

오송 연제리유적

확인으로 충주지역뿐만 아니라 백제의 철생산의 유통과정을 설명해줄 수 있는 자료로 평가된다.

(3) 청원 연제리유적

유적은 청원 오송생명과학단지 조성사업 발굴조사지역 중 백제시기에 해당하는 취락지역에서 확인되었다. 취락지 내에는 다수의 수혈주거지와 수혈유구, 지상식건물지, 주혈 등이 조사되었는데 제련로는 이 취락지역 동쪽 끝에서 확인되었다. 제련로의 잔존상태는 그렇게 양호하지 못하나 노 바닥으로 추정직경은 120㎝ 규모이며 일부 노벽이 남아 있는 것으로 보아 반 지하식의 원형 수형로로 추정한다. 노 앞쪽으로는 배재를 위한 구가 만들어져 있으며 그 끝 쪽에 철재와 노벽 등을 폐기한 폐기장이 만들어져 있다. 특히 제련로 주변에서 측구부탄요 1기가 확인되었고 대형의 수혈주거지가 확인되어 제련조업과 관련된 시설로 판단하다. 연제리유적의 제련로와 관련시설은 조사구역이 한정되어 대규모의 조업작업장인지는 확실히 알 수는 없으나 일관된 조업집단거주의 형태를 보여주고 있어 주목된다. 출토유물로 보아 4세기대의 유적으로 판명되어 석장리, 칠금동, 연제리 등 매우 다양한 거점을 가지고 철생산이 이루어졌음을 보여준다.

2) 철기생산유적

(1) 화성 기안리유적(華城 旗安里遺蹟)

경기도 황성시 태안읍 기안리에 소재하는 유적으로 기전문화재연구원에 의해 조사된 유적이다. 이 유적은 주위에 고금산의 주거지역, 화산고분군의 매장지역과 연계되어 황구지천과 함께 낮은 구릉상에 생산지역으로 조영된 곳이다. 하천의 주변에는 비옥한 충적평야가 형성되어 있어 농경과 관련된 유적의 존재 가능성이 높다. 지금까지 이 지역에 대한 고고학적 조사를 통해 보면 북쪽으로부터 주거지역(고금산), 생산지역(기안리 및 하천유역), 매장지역(화산고분군)이 조합되어 있는 특징을 가지고 있다고 할 수 있다. 또한 기안리유적은 화산(花山)을 정점으로 북향하는 3개의 가지능선 중 가운데 부분으로 해발 30~45m의 설상(舌狀)의 구릉상에 위치한다. 이 유적에서는 제철관련유구는 단야로, 목탄요, 각종의 수혈 등이 조사되었다. 반면 이 유적의 서쪽 구릉지대에서는 대량의 철재와 노벽편이 지표상에서 채집되는데 대부분이 제련과 관련된 유물로서 발굴담당자는 제철유적의 규모를 약 20만평 정도로 추정하고 있다. 이 중 기안리유적은 제련유적과 인접한 전문 철기제작집단의 유적으로 판단된다.

단야로는 조사 전지역에 걸쳐 모두 10여 기가 조사되었는데 이를 표로 정리하였다.

단야로는 크게 2가지 형태가 조사되었는데 깊은 단독수혈 내부에 설

기안리유적 단야로

치된 1기를 제외하면 모두 야외에 지면을 얕게 파고 만든 형태이다. 평면형태는 주로 방형 또는 타원형으로 추정하고 있다. 또한 각 단야로들은 주구나 목책 등으로 구분되어 보호받았던 것으로 보이는데 현 유적의 잔존상황을 고려해 보면 확인된 수량보다 훨씬 많은 단야로가 있었음을 추정할 수 있다.

Ⅰ지점 단야로는 1기가 조사되었는데 현대의 배수구(排水溝)로 인하여 반파(半破)된 상태로 확인되었다. 직경 20cm의 원형으로 바닥면에 1cm 두께의 목탄(木炭)다짐층이 형성되어 있다. 그 상부에 할석 1매가 놓여 있어 노 폐기 이후의 제사행위(祭祀行爲)가 있었던 것으로 추정된다.

내부에서 송풍구편 1점, 노벽편이 출토되었고, 주위의 토양에서 약간의 단조박편이 검출되었다.

Ⅳ지점은 남북 약 100m, 동서 약 60m의 범위로 수혈, 노적(爐蹟), 구(溝) 등이 매우 복잡하게 중복된 상태로 확인되었다. 노는 6기가 확인되었는데 모두 단야로이며, 비교적 깊은 단독수혈 내부에 설치된 것과 지면을 약간 파고 만든 것으로 대별된다. 전자는 1기이며 3중의 구를 파괴하고 축조된 점에서 기안리유적에서 가장 늦은 단계로 판단된다. 후자는 구의 안쪽 또는 바깥에서 검출되었는데 복잡하게 중복되어 있다는 점을 감안하면 대체로 주구나 구의 안쪽에 조영되었을 가능성이 높다.

기안리유적 출토 송풍관

기안리유적 출토 단조박편

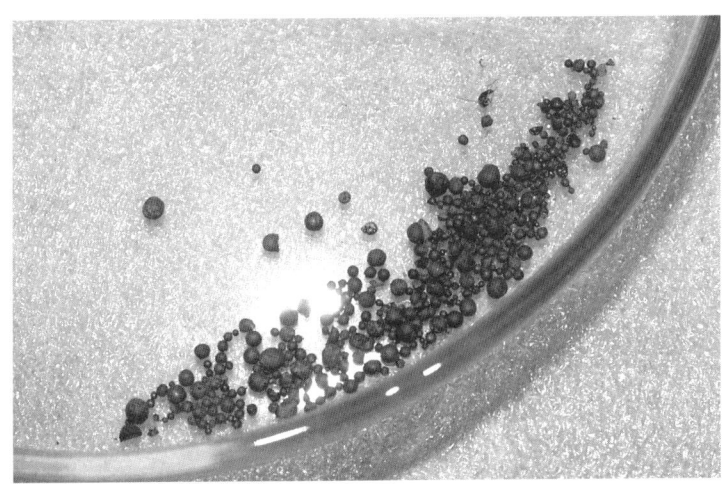
기안리유적 출토 입상재

백제의 철·철기 제작 기술 53

출토유물로는 노벽편, 철재, 단조박편, 입상재 등의 단야 관련 유물과 함께 철광석, 송풍관등 제련과 관련된 유물도 같이 출토되었는데 제련 관련 유물은 인접한 제련유적지에서 유입된 것으로 보인다. 철재의 분석결과 철소재는 자철광계이며 모두 단련단야재로 판명되었다

제철 관련 유물로는 송풍관, 송풍구, 철재(鐵滓, slag), 노벽편, 원반형토제품(圓盤形土製品), 지석(砥石), 석퇴(石槌), 단조박편 요석(凹石) 등이 있다. 먼저 송풍관은 지름이 10㎝ 이상되는 대형이며, 이 중 노 내에 관입(貫入)되어 사용된 파편도 다수 확인되고 있다. 제작기법상 내면 횡방향, 외면 종방향으로 모두 승문(繩文)이 타날되어 있는 것이 대부분인데 낙랑기와의 제작기법과 유사하다. 송풍관의 연결을 용이하게 하기 위해 선단(先端)을 턱지게 처리하여 구경을 좁혀 만든 것도 있어 주목된다.

이외에도 Ⅰ-1호 단야로에서 복원지름 1.5㎝ 정도의 송풍구편이 출토되었다

철광석은 8점 출토되었다. 크기는 4㎝ 부터 30㎝ 정도의 것 등 다양하다. 일부 배소(焙燒)된 것도 있는데, 제련에 앞서 작게 분할한 후 예열(豫熱)하여 환원이 용이하도록 한 것으로 추정된다. 철광석의 존재는 사용된 송풍관 및 철재, 흑연화 목탄, 노벽편 등과 함께 이 지역에서 제련이 이루어졌음을 보여주는 중요한 단서가 된다. 다만 이번 조사 구역에서는 제철로가 확인되지 않았고, 있었다 하더라도 단야공방으로 변화되면서 없어졌거나 서쪽 구릉지역에 존재할 가능성이 높다. 배소된

기안리유적 출토 철광석

기안리유적 출토 철재

백제의 철·철기 제작 기술 55

철광석의 파쇄(破碎)와 단야공정시 단타(鍛打)를 하기 위한 도구로서 석퇴가 출토되었다.

철재는 현재까지 출토량이 많지 않으나 제련로에서 유출된 유출재(流出滓)와 노내재(爐內滓)가 있고, 단타시 배출된 녹이 덮힌 녹구슬 상태의 입상재(粒狀滓)가 있다. 철재의 크기는 10cm 이상인 것부터 3cm 미만까지 다양하게 출토된다. 주목되는 점은 시굴조사시 수습된 철재에 대한 분석결과 철소재는 자철광계(磁鐵鑛系)이며, 철기제작시 단조의 최종단계에서 배출된 단련단야재로 판명되었다(大澤正己 2004).

노벽편도 출토량이 많지 않지만 유리질화된 노 내벽편이 소량 보이고, 굵은 모래와 볏짚을 이겨 만든 점에서 석장리의 제련로 노벽과 유사하다. 이 밖에 노벽의 중간부 또는 외면에 해당되는 것으로 보이는 흑색 또는 적색의 소토가 거의 조사지역 전역에 광범위하게 산포되어 있고, 특히 노적 주변에 집중적으로 나타나고 있다.

지석은 단야공정과 관련되어 있다. 모두 30여 점이 출토되었는데 1점은 사암제로 예리한 도구의 날을 세우기 위해 마연한 흔적이 남아있으며, 1점은 괴석의 형태로 높은 온도의 열에 닿아 깨진 것을 일부 접합한 것이다. 석질은 사암과 조장암이 많다. 아울러 석퇴, 요석으로 활용한 것도 있다.

확인된 제철공정은 단야공정이 대부분이나, 소량의 유출재와 정련재로 보이는 철재, 노벽에 삽입되었던 유리질화된 송풍관편 등으로 보아 제련단계의 공정도 추정할 수 있겠으나 단야로 이외의 유구는 확인할 수 없었다. 다만 세부적인 철기제작과 관련하여 향후 다양한 분석을 통해 보완할 필요가 있다.

제철은 다량의 원료 및 연료를 필요로 하기 때문에 고대사회의 정치권력과 상관관계를 갖는 고도의 생산체계를 요한다. 따라서 이 지역을 중심으로 한 지역집단의 동향에 대한 연구에 중요한 자료로 평가된다.

(2) 오산 세교유적[6]

경기도 오산세교택지개발지구내 문화유적 시굴조사에서 확인된 단야유구이다.

단야유구는 시굴대상의 4지구에서 확인되었는데 여기에서는 석곽묘, 수혈주거지, 조선시대수혈유구 등이확인되었으며 외곽에서 원삼국시대 분묘와 수혈유구가 조사되엇다.

단야 관련 유구는 크기 1300×820cm의 부정형소토더미 내부에 소토, 노벽편, 철재, 기와 등 매우 많은 유물들이 혼재된 양상으로 확인되었다. 상부가 대부분 흐트러진 상태로 원래 형태를 알 수 없으나 유구의 중앙부와 남쪽 가장자리에 얕게 파여진 부분이 두 군데 확인되어 노가 있었을 가능성을 두지만 확실하지는 않다. 다만 노벽편과 철재, 단조박편, 입상재 등이 출토된 것으로 보아 단야작업이 행해졌음을 알 수있으며 주위에 특별한 유구가 없는 것으로 보아 독립적인 소규모 단야행위가 이루어졌음을 알 수 있다. 시기는 고려시대 기와가 혼재되어 출토되었으나 보고자는 이는 상부교란에 따른 출토품이며 이보다는 원삼국시대의 분묘가 집중되고 있어 이 시기에 비중을 두고 있다.

(3) 화성 장안리유적[7]

유적은 경기도 화성시 장안면에 위치하는 속칭 화도산의 남쪽 능선의 곡간부에 위치한다. 이 지역은 1976년 방조제 공사 이전에는 섬이었던 지역으로 유적에서는 신석기시대 후기부터 근세까지의 매우 다양한 시기의 유적과 유물이 출토되었다. 이는 이 지역의 특징이 섬이라는 지형적 특징이 규정짓는 것에서 알 수 있듯이 오랜기간 서해안에서 중부내

장안리유적 단야로

륙으로 이어지는 남양만의 주요 거점 지역임을 알 수 있다.

유구는 삼각구연토기단계의 주거유적 및 수혈유구과 백제시기의 수혈유구, 통일신라시대의 포함층 등이 조사되었는데 이 중 곡간부쪽 퇴적층에서 다량의 철재와 노벽 등이 출토되었으며 구릉의 서쪽과 동쪽사면에서 철기제작과 관련된 유구와 철제작소

장안리유적 단야로 노벽

재로 보이는 철괴가 출토되는 수혈 등이 확인되어 철기제작과 관련한 시설이 있음을 알 수 있다.

단야 관련 유구는 서쪽 퇴적층에서 모두 5기의 노적이 조사되었고, 동쪽 퇴적층에서는 주거지 내에서 단야 관련 유물이 출토되었다.

동쪽 주거지 내 유구는 3·4·5호에서 노지가 확인되고 내부에서 철재와 노벽이 수습되었는데, 이 중 4호주거지에서는 소토노벽이 반원상으로 잔존해 있고 2번 재사용 흔적이 남아있다. 철재, 단조박편, 입상재, 철괴 등이 출토된 것으로 보고되어 단야로로 추정할 수 있으나 나머지 주거지에서는 내부의 노지가 단야로인지 구체적인 양상은 알 수 없다.

서쪽 퇴적층에서는 5개의 노적이 조사된 것으로 보고되어 있는데 이

장안리유적 입상재

중 1호 노적의 경우 중앙에 목탄 회색점토 등으로 설치한 노 흔적이 타원상으로 남아 있는 것으로 보고되었으나 구체적 결과는 아직 알 수 없다.

장안리유적의 단야유구는 지리적으로 독립된 지역에서 이루어지는 생산양식의 한 패턴으로 주목되는데 자체적인 철생산은 아니지만, 출토되는 철괴, 단야 철재의 양, 단야유구의 흔적 등을 통해 볼 때 철기제작소재를 공급받아 필요한 도구나 무기를 제작하는 일정 부분 조직화된 전문집단의 철기제작 생산형태를 보여주는 것으로 판단한다.

(4) 가평 대성리유적

북한강 상류에 위치한 대성리 유적은 강변의 충적대지에 원삼국시대의 여자형, 철자형 주거지 조영된 대규모 취락지이다.

단야 관련 유물은 취락지 내 주거지 내에서 출토되었는데 이 중 A지구 1호 주거지에서 철단편, 철부파편, 모루와 함께 소결된 노의 흔적이 확인되었고 주거지 입구쪽에 저탄장으로 추정되는 수혈도 있어 단야작업이 주거지 내에서 이루어졌음을 알 수 있다. 특히 1호주거지에서 출토된 철단편

대성리유적 출토 철기

은 단조 형태를 연구하는 매우 중요한 자료로 평가된다. 이외 인근하는 3호, 7호 주거지 내에서도 철기제작과 관련된 철재, 철소재, 대석, 모루 등이 출토되어 대규모 취락단지 내에서의 철기제작의 상황을 유추할 수 있게 되었다.

(5) 풍납토성[8]

아직 보고서 미간으로 알 수 없으나 설명회 자료에서 단야재, 노벽이 출토된 것으로 보아 단야 시설이 있었음을 알 수 있으나 자세한 내용을 알 수 없다.

다만 한신대학교 조사의 삼화연립재건출 사업부지의 조사에서 유구는 확인되지 않았지만 주조철부 용범편과 범심이 출토되어 용해유구가 있었음을 알 수 있고 같이 출토된 송풍구는 단야로의 송풍구일 가능성이 높다.

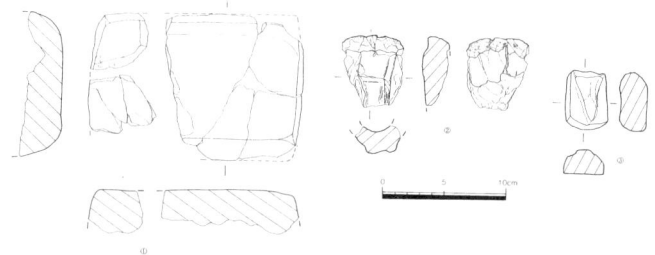

풍납토성 출토 유물

(6) 아산 갈매리유적

유적은 아산시의 동쪽 외곽인 배방면 갈매리일대로서 봉강천과 용천이 합류하여 아산만으로 흘러가는 지점에 자리한 저평한 평지로서 지형한 배후습지에 해당한다. 이 지역은 공주대학교, 충청역사문화원, 고려대학교 등 3개 기관이 나누어 발굴조사 하였다.

발굴 당시 상부토층에서 상당량의 철개재 노벽편이 출토되어 주목받았던 곳으로 이 중 단야관련 유구는 공주대학교 조사지역에서 확인되었다. 이 지역에서는 주거지, 굴립주거지, 수혈유구 등이 대량 혼재하고 있는데 단야 관련 유구는 조사지역의 북쪽편에 치우쳐 긴 타원상의 폐기처가 확인되며 그 내부에서 단조철재와 단조박편, 노벽편 등이 확인되었다. 그리고 그 서쪽편에서 단야로가 있었던 것으로 추정되는 소토 무지가 확인되었다. 상부교란 소토를 제거 후 평면 타원상으로 노적이 확인되는데 정확한 형태는 찾기 힘들고 목탄이 집중된 곳이 확인되어 단야유구로 추정된다.

갈매리유적에서는 본 공주대학교 조사지역 외에 충남역사문화원지구와 고려대학교 조사지역에서 철재와 노벽편이 다량 확인되었으며 용해로에 사용된 것으로 보이는 노벽 및 철재도 다량 출토되었다. 갈매리유적은 유적 성격과 조사된 각종 수혈유구의 수혈유구 등 성격으로 보아 전문집단들에 의한 철기제작이 활발한 지역이었던 것으로 본다.

(7) 서천 지산리유적(舒川 芝山里遺蹟)[9]

 유적은 남북으로 길게 형성된 구릉의 사면에 조성된 주거지군이다. 경사가 매우 급한 곳에 조영된 주거지와 수혈이 조영되었는데 이 중 2개소에서 단야 관련 유물이 출토되었다.

 2-24호 주거지에서는 주거지 상부가 소결된 상태로 조사되었으나 그 용도는 알 수 없고 다만 주거지 내부에서 토기 제작의 내박자와 함께 단야로에 사용한 송풍구가 출토되었다. 이외 호 유구 상부에서 단조박편, 단야재와 함께 송풍관이 출토되었다. 송풍관은 토제로서 원추형의 형태를 가지면 가운데 지름 2~3cm 정도의 구멍이 관통된 형태로 노 안에 장입된 부분에는 철재가 붙어 있다. 이러한 형태는 강원도 강릉시

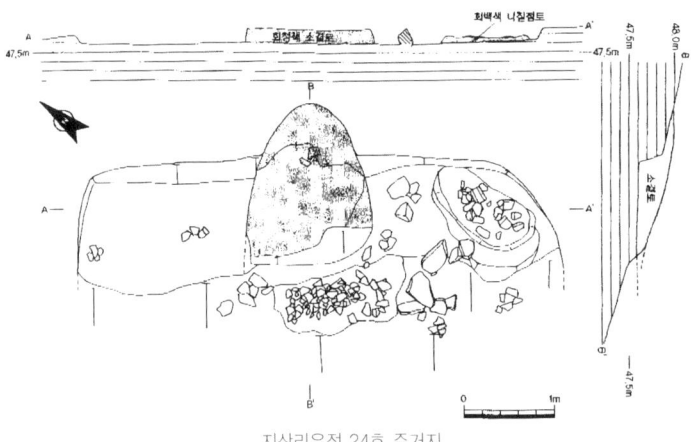

지산리유적 24호 주거지

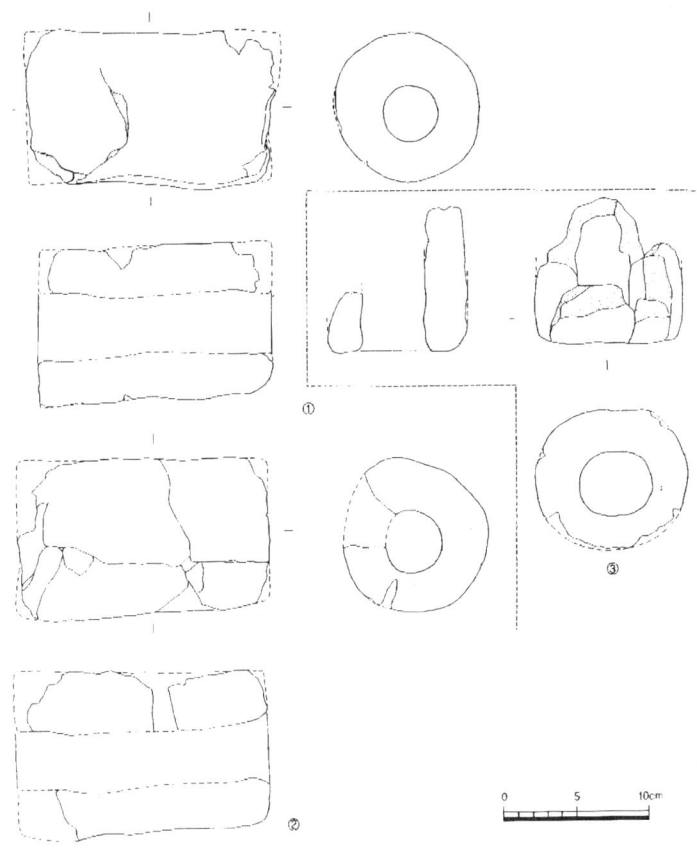

지산리유적 출토 송풍구

병산리유적에서 출토된 송풍구와 매우 유사한 형태이다. 한편 2-8호 수혈 내에서는 소형철편과 단조박편 등이 출토되어 소규모의 단야작업이 행해졌음을 알 수 있다.

(8) 가평 마장리유적(加平 馬場里遺蹟)

경기도 가평군 가평읍 마장리에 소재한 유적으로 6.25동란 당시 개인호(個人壕) 구축시 발견되어 미군 맥코드 소령에 의해 조사되어 보고된 것을 다시 김원룡(金元龍)에 의해 소개된 유적이다.[10]

유적은 지반층이 자갈층이며 그 위에 자갈, 황색모래층으로 형성되어 있는데 주거지는 황색모래층을 파고 형성되었다. 주거지는 5m×6.4m 규모로 모서리가 둥글게 처리된 평면 사다리꼴의 형태를 가지는데 조사가 트렌치조사인 관계로 전체의 약 1/3만 조사되었다.

내부시설물로 주거지의 한구석(양벽에서 1~2m 거리)에 천석(川石)을 돌려만든 노지가 있다. 노지는 지름 1.2cm 정도의 원형으로 중심부는 5~6cm까지 불에 탄 흙이며 천석도 불에 맞아 금이 가 있다. 유물은 노지 내부와 부근에서 대호, 시루 그리고 노지에서 약간 떨어져 아형호(亞形壺)가 출토되었고 특히 노지 부근에서 도통파편(陶筒破片), 철재, 철편이 출토되었다. 도통은 앞부분에 자연유가 부착되어 있고[11] 전체지름은 7.5~10cm 지름은 2.5cm 정도이다. 이외 숫돌, 방추차, 원형토제품 등이 출토되었다.

이 마장리주거지에서는 출토된 유물 중 도통(陶筒)이라 표현된 유물은 송풍구임이 확실하며 이외 철재, 소형철편 등으로 볼 때 주거지 내에서 단야작업을 하였던 것으로 보인다. 단야와 관련된 노 시설은 천석을 이용한 노지일 가능성이 높다.

(9) 가평 이곡리유적(加平 梨谷里遺蹟)[12]

1978년 건국대학교에 의해 발굴된 이 유적은 앞서 언급한 가평 마장리유적 바로 옆에 위치하는데 지형상 사행상지류(蛇行狀支流)의 하천가에 위치하고 있다.

유적의 층위는 3개로 구분되는데 이 중 철기 2기층에 해당되는 층에서 기둥구멍 14개를 가진 원형으로 추정되는 주거지가 조사되었다. 주거지의 남동편에 돌출된 노지가 있고 이 노지의 남쪽 50㎝ 지점에서 작은 노지가 1개소 확인되었다. 전자의 노지 주위에서 숫돌 1점, 석족편(石鏃片) 1점, 점토덩어리, 납작한 냇돌이 출토되었고, 남서편 28㎝ 거리에서 보습의 거푸집이 출토되었다.[13] 작은 노지는 바닥에 점토가 깔려있고 안쪽에서 숯이 검출되었다. 작은 노지옆에서 숯돌과 19t. h구간에서 토제송풍관(土製送風管)과 철재가 출토되었다. 송풍관은 현재 길이 7㎝, 두께 3.2㎝, 구멍지름 1.3㎝의 크기이다. 이외 철촉, 철도자편 및, 원형토제품, 토기편 등이 출토되었다. 송풍관편, 철재, 작은 노지의 구조로 보아 단야작업이 행해진 것으로 보인다.

(10) 양평 대심리유적(楊平 大心里遺蹟)[14]

조사지방 중 square A에서 토기편, 석기 및 철기가 집중 출토되었다. 층위는 제 1층인 암갈색 사층에서 주로 출토하였고 제 2층인 황갈색사층과 제1층과의 경계에서 대소의 역석(礫石)이 산재하고 일부는 노지의 형태를 나타낸 곳도 있다.

유물은 조질유문토기(粗質有文土器)가 가장 많으며 무문토기(無文土器), 김해식토기(金海式土器)가 비슷한 양으로 출토되었다. 조질유문토기는 무문토기보다 좀더 정선된 것으로 기표면에 승문(繩文), 격문(格文)이 있으며 색조는 흑회색에서 명갈색의 9종류가 있다고 보고되었다.

철기는 철부가 각 피트에서 1점씩 도자(刀子)와 철촉이 j21피트, k22피트에서 출토되었고 철재는 동남구와 squre A에서 10여 점 정도 출토되었다. 이외 소량의 토제품과 석기가 출토되었는데 석기 중 1점은 가운데 홈이 파진 것이 있어 보고자는 용범(鎔范)의 미성품으로 보고하였다.[15]

철재의 출토와 역석(礫石)으로 이루어진 노지로 보아 단야작업장으로 보인다.

(11) 미사리유적(渼沙里遺蹟)[16]

고려대학교에서 1988~1992년까지 4차에 걸쳐 조사한 대단위 취락유적(聚落遺蹟)이다. 조사결과 신석기시대 주거지와 무문토기시대 주거지, 와질토기 출토 주거지 등 총 40기와 굴립주거(堀立住居), 책렬(柵

列), 구(溝), 무덤, 야철지(冶鐵址), 불명 유구 등 다양한 유구가 확인되었다.

이 중 야철지로 소개된 601호에서는 상당량의 철재와 노벽편, 철괴, 소철편 등이 출토되었는데 노의 흔적은 확인되지 않았다. 이외 미사리(渼沙里) 주거분류의 4기~7기에 해당되는 일부 주거지 및 수혈유구에서도 철기제작시 생성되는 소철편이 다량 출토되었다.

특히 삼각형의 소철편 등이 처음으로 보고되어 있

미사리유적 출토 철제품

는데 이는 단조철기의 제작과정에서 떨어져 나간 철편으로 단야작업이 행해졌음을 보여주는 적극적인 증거가 된다. 또한 주조철부의 파편이 많이 출토되고 이와 관련된 노벽편이 출토되어[17] 간단한 용해 작업이 행해진 것으로 추정된다. 이에 관한 자세한 설명은 다음 장에서 다루고자 한다.

(12) 여주 연양리유적(驪州 淵陽里遺蹟)[18]

국립중앙박물관에서 조사한 유적으로 A지구 2호주거지 내에서 노벽편·단야봉·소형철편, 단조박편 등이 출토되어 주거지 내에서 단야공정이 이루어졌음을 알 수 있다.

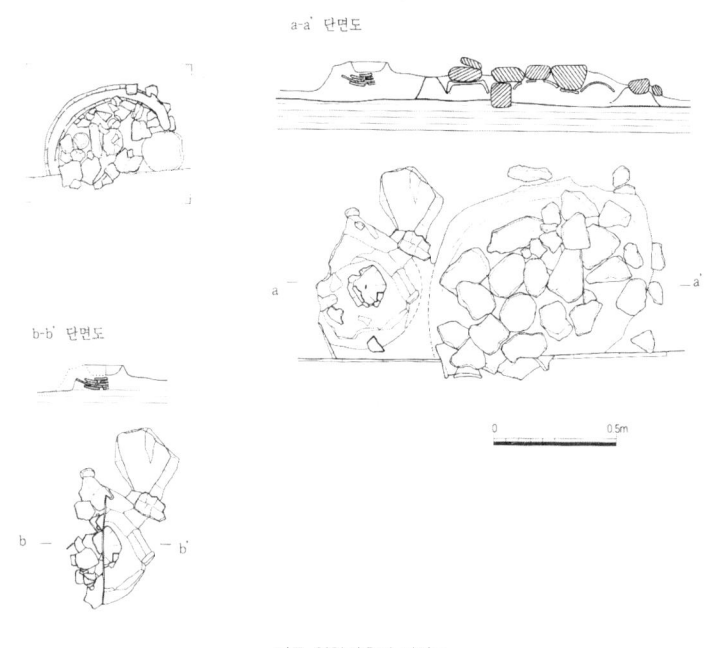

여주 연양리유적 단야로

2. 백제의 철, 철기생산기술

백제의 철제작기술은 어떠하였는가에 대한 의문은 앞서 언급한 철생산유적의 발굴조사를 토대로 말할 수 있을 것이다.

철기를 제작하기 위해서는 철을 생산하여야 하고 이 생산된 철은 불순물 등이 많아 조정과정을 거치는 정련공정을 거쳐 제품제작을 위한 준비를 마친다. 이 생산된 철은 다시 용해공정 또는 단조공정을 통해 각종의 철기로 탄생하게 된다. 그럼 과연 백제철기의 기술력은 어떠하였는가를 알기 위해서 철생산과 철기생산으로 구분하여 그 기술력을 검토해 본다.

철기 소재의 생산과 철기의 제조에 관한 부분에서 제반 기술에 대해 중점적으로 살펴보고, 생산의 종합적 체계에 관한 부분에서는 1차제련부터 단조철기와 주조철기가 생산되는 일련의 단계별 공정에 관련된 사항들을 총체적으로 검토해보고자 한다.

1) 철생산공정

(1) 제련시설의 입지

철생산을 위한 전제조건은 자연적인 조건과 인위적인 조건이 필요하다. 이 중 자연적인 조건이란 철광산의 존재와 연료를 만들 수 있는 풍부한 산림을 의미한다. 앞서 언급한 백제의 제철유적들은 충주 칠금동유적만이 주위에 광산을 가지고 있을 뿐 철광산과는 먼 곳에 위치한다. 또한 4개소 모두 구릉지에 위치하여 풍부한 연료를 만들 수 있는 산림지와도 모두 무관한 지역이다.

오히려 모두 교통의 요지에 위치한다는 공통점이 있다. 충주 칠금동 유적은 천을 끼고 있으며 이 운송로를 통해 광석과 숯을 공급받을 수 있을 뿐만 아니라 만들어진 제품을 유통시킬수 있는 교통의 요지이다. 진천 석장리 역시 주위에 미호천이 있어 금강유역의 세력들에게 철을 공급할 수 있는 조건을 갖추고 있다. 비록 조사되지는 않았지만 기안리의 제련유적도 황구지천을 끼고 있는 등 모든 유적이 원료, 연료보다는 교통의 요지에 위치한다는 점이다. 이는 남부지방에서의 낙동강 하류유역에 제철유적이 발달하는 이유와도 동일하다. 즉 다시 말해 철생산 유적의 입지는 조업환경과 수운, 육로 등이 발달한 교통환경이 우선적으로 선택조건인 것이다.

(2) 철생산 원료-철광석과 사철

철생산의 원료는 철광석과 사철(砂鐵)로 구분된다. 고대제철에 있어 원료의 확보는 매우 중요하다. 이미 철생산기술이 있다 하더라도 원료의 확보없이는 생산이 불가능한 것이다. 이 점은 한반도 내 제철의 시작 문제와 그 수요공급의 문제에 있어 매우 중요한 요소라 하겠다. 종래의 철광석 산지 문제에 대한 접근은 기왕에 조사된 광산의 분포에 따른 추정이었으며,[19] 실제 노두광산 등 고대에 이용되었던 채광 관련 유적은 현재 확인되지 않고 있는 실정이다. 따라서 철산지 추정에는 유적에서 발견되는 관련 유물과 인근 철광산에 산출되는 것과의 성분분석 비교를 통해 확인하는 방법이 응용되고 있다.[20]

　고대의 철생산에 쓰였던 한반도 남부의 철광석 실물자료로는 창원 다호리유적의 무덤에 부장된 것이[21] 현재로서는 가장 이른 시기의 것이라고 하겠으며, 진천 석장리유적과 양산 범어지구 유적 및 밀양 사촌제철유적, 화성 기안리유적, 충주 칠금동유적 등에서 출토된 바 있다. 이러한 실물자료로 볼 때 철광석이 제철의 원료로 쓰여졌음은 분명하며, 종래의 삼국시대 이전의 철기 분석 결과에서도 사철제련은 보이지 않고 모두 이와 같은 철광석을 사용한 것으로 보고되어 있었다.[22]

　그런데 최근 포항 옥성리고분군에서 출토된 철기의 분석결과 사철을 이용한 것으로 보고되고 있어 주목된다.[23] 이처럼 사철제련의 여부는 관련 유물의 성분을 분석하여 미량원소인 티탄(Ti)과 바나디움(V)의 양의 다과에 따라 판단한다. 이러한 사철제련은 우리나라보다 일본에서 널리 행해져 있음이 밝혀져 있는데, 우리나라에는 『세종실록지리지』에 사철광지로서 21개소 정도가 기록되어 있고[24] 실제로 조선시대의 광주 금곡동유적에서는 사철을 이용한 제련이 이루어졌음이 밝혀져 있다.[25] 그러나 고대에 사철제련이 행해졌는지의 여부는 확인할 수 없는 실정이었으나, 진천 석장리유적의 발굴조사에서 고대 사철제련의 가능성이 제기되면서 그에 대한 논의가 진행되는 계기가 되고 있다.[26] 석장리유적에서 확인된 광분과 같은 형태가 존재하는 것으로 보아, 사철이 제련

진천 석장리유적 출토 철광석

과정의 첨가물 또는 생산되는 철의 종류에 따라 사용되었을 가능성은 충분하다고 보인다. 그러나 철광석의 종류에 티탄철광석도 있기 때문에 국내의 사철제련 문제는 보다 많은 자료의 축적과 연구를 기다릴 수밖에 없다고 하겠다.

(3) 연료-숯가마

고대제철 과정에는 원료가 되는 철광석(또는 사철)의 확보와 함께 연료인 숯의 공급이 무엇보다 중요하게 자리한다. 따라서 제철유적의 입지에서도 연료를 충분히 조달할 수 있는 지역이 우선적으로 선호된다. 실지 일본의 다다라 제철에서는 분철칠리탄삼리(粉鐵七里炭三里)[27]라는 말이 있을 정도로 연료의 공급 여하에 따라 생산지가 결정되고 있음을 알 수 있다. 현재 국내에서는 숯가마와 제철유적이 연계되어 조사된 곳은 화성 기안리유적과 청원 연제리유적이 있다. 또한 최근 숯가마유적의 조사례가 증가하고 있는데 백제지역에서는 천안 용연리[28], 청원 오창유적(梧倉遺蹟), 송대리유적(松垈里遺蹟), 청주 용암유적 등 충청도 지역에 집중하고 있다. 즉 숯가마의 중심지가 영남지역과 충청도 지역에 많이 확인되는 것은 역시 철생산과 관련있다고 할 수 있다. 숯은 흑탄과 백탄의 두 종류가 있는데 열을 지속적으로 낼 수 있는 백탄이 제철용으로 적합하다. 현재까지 확인된 숯가마 즉 탄요(炭窯)가 어떤 숯을 생산하던 것인지 현재 분명하게 확인하기는 어려운 상황이나, 일본에서 조사된 탄요의 경우 백탄요와 흑탄요를 구조적으로 구분하여 판단하고 있고[29] 그 중 백탄요의 구조로 보고 있는 것이 국내에서 조사된 것과 유사한 형태이다.

숯가마는 대부분 낮은 구릉의 경사면에 등고선 방향으로 길게 위치하고 있다. 세장방형의 소성실을 가지며 경사가 낮은 면에 화창(火窓)이 등간격으로 나 있는데 그 규모에 따라 화창의 수가 다르다. 대부분의 숯가마는 시기를 알 수 있는 자료가 확인되지 않고 있다. 다만 김해 화정유적에서 조사된 숯가마의 경우 6세기의 옹관을 파괴하고 설치되었으며 다시 이 숯가마를 7세기의 석실분이 파괴하고 있어 그 연대의 일

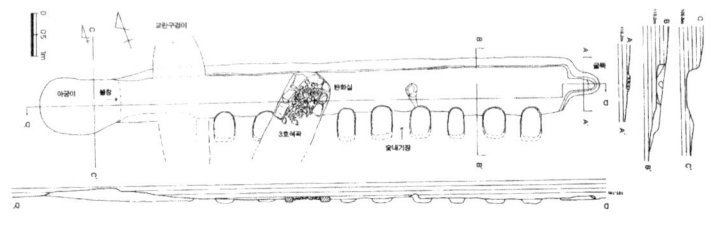

천안 용원리유적 숯가마

단을 알 수 있을 뿐이다. 그러나 고지자기(古地磁氣)를 이용한 연대측정에 따르면 울산 검단리유적 · 경주 천군동유적 · 청원 송대리유적 등의 숯가마들은 모두 4세기대의 것으로 보고되고 있어 흥미롭다. 이는 곧 철생산의 생산체제가 대규모화되면서 그 연료의 생산과 공급도 본격화되는 것이 아닌가 생각된다.

(4) 노의 구조

제련로의 구조문제는 그 형태나 규모가 곧 생산되는 철의 종류나 생산량 등의 작업규모를 가늠할 수 있는 주요한 요소이다. 그러나 지금까지의 제련로의 조사를 통해 볼 때 발굴조사된 노 시설은 완전한 형태를 갖추고 있는 것은 전무하다. 그것은 제련기술이 당시로서는 일종의 첨단 기술이었기 때문에 그 노하우가 다른 집단으로 알려지는 것을 막기 위하여 의도적인 파괴 행위가 행해졌을 것이며, 또한 기술적인 문제로 인해서 노의 상부구조는 당시에 이미 파괴되었을 것으로 생각되기 때

문에 그 완전한 복원에 어려움이 많다.[30]

조사된 진천 석장리유적의 경우에는 원형로[31]·상형로[32]·대소형의 반지하식 장방형로 등 매우 다양한 형태의 노가 확인된다.

그러나 이 모든 형태의 노가 제련을 위한 노인지에는 의문이 있다. 상형로와 원형로는 일본내에서도 축조 사용되었던 제련로들이다.[33] 그런데 석장리유적에서는 동일 유적에서 상형로와 원형로가 축조되어 있고, 특히 A-4호에서는 같은 수혈 내에 인접하여 2기의 형태가 다른 노가 설치되어 있어 의문점이 더해진다. 아직 각 유구에서 출토된 철재의 과학적 분석결과가 발표되지 않아 자세한 논의는 다음으로 미루어야 되겠지만 다음과 같은 가설을 제시하여 본다.

생산되는 철 종류의 차이를 들 수 있다. 한 지역 내에서 용해로와 단야로가 공존하고 있으며 출토유물에 있어서도 주조철부 범심편과 함께 철정 및 철기제작소재로 보이는 단면 원형과 방형의 철봉이 출토되는 등 일관된 생산체제를 구축하고 있는 것으로 보아 제작할 철제품의 성격에 따라 제련과정에서 주조, 단조품의 제작재료로 사용하기 위해, 다시 말해 선철과 강철을 분리하여 생산하기 위해 노의 구조를 달리하지 않았을까 추정한다. 그러나 철광석에서 바로 강을 추출하는 기술이 고대에 가능하였는지는 의문이다.

따라서 원형로는 최근 조사된 청원 연제리, 충주 칠금동과 영남지역의 밀양 사촌제철유적, 물금유적등의 모든 제련유적에서의 형태가 원형로인 점을 감안한다면 기본적인 제련로는 원형로이며 상형로와 장방

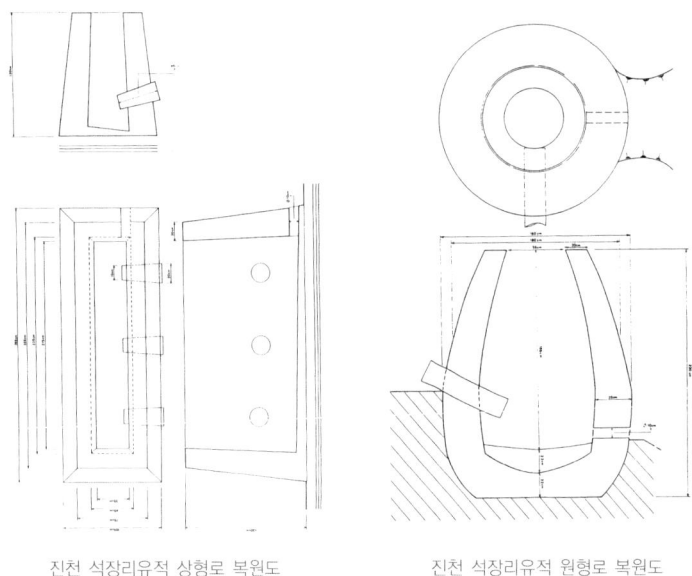

진천 석장리유적 상형로 복원도   진천 석장리유적 원형로 복원도

형로는 제련과정에서 생산된 철을 성분조정을 행하는 정련로의 성격일 가능성이 있다. 이는 실지 석장리유적에서 가장 완전한 형태의 노는 A-3호 등 원형의 노이며 나머지 장방형의 노는 규모나 구조면에서 매우 다양하게 나타나고 있는 점 등으로 미루어 보아 정련로로서의 역할을 한 것으로 추정된다.

특히 이 경우 한대(漢代)의 철제작기술 중의 하나인 초강(炒鋼) 제련법이 시행되었을 가능성도 있다. 최근 백제지역 출토 철기의 분석결과 일부가 초강법에 의해 제작되었으며 이와 관련하여 석장리유적의 일부 노적과 황성동 537-2번지의 소형용해로를 초강로로 해석하는 견해도 제기되고 있으며[34], 포항 옥성리고분군 출토 철기 또한 분석결과 초강 제품임이 확인되고 있다[35]. 그러나 문제는 초강제련 역시 광석에서 바로 강을 만드는 형태가 아닌 제련된 철의 정련기술로서의 초강기술로 받아들여지기 때문에 초강이라는 중국식 용어보다는 정련의 한 형태로서 이해하는 것이 보다 설득력이 있다고 보인다.

(5) 송풍시설

제련과정에서의 송풍기술은 철생산의 가장 중요한 기술 중의 하나이다. 즉 송풍의 과다와 지속성 등에 의해 성공여부가 결정되는 요소이다. 그러나 유적에서 확인되는 것은 송풍시설이 아닌 송풍관만이 확인될 뿐이므로 그 장치와 방식에 대해서는 많은 자료의 축적을 기다릴 뿐이다. 따라서 송풍방식은 남아 있는 송풍관의 형태와 잔존상태를 통해 추정할 수밖에 없다.

대표적 제련유적인 석장리유적에서 출토된 송풍관은 직경 20㎝ 내외의 대구경(大口徑)의 것이 대부분이며 부분에 홈이 돌아가거나 턱이진 형태로 보아 서로 연결하거나 송풍장치에 연결하였던 것으로 추정한다. 특히 형태가 'ㄱ'자형으로 꺾여 있으며 이것이 노 내에 삽입되는 방식이다.

이러한 대구경 송풍관은 화성 기안리유적를 백제의 모든 제련유적에서 시기, 지역을 불문하고 동일한 것이 출토된다. 또한 제련유적이 아닌 용해로 유적인 경주 황성동유적에서도 송풍관은 동일한 형태가 출토되었으며 경상도지역의 제철유적인 밀양 사촌유적, 양산 물금유적의 송풍관도 같은 성격을 보이고 있다.

현재까지의 제철유적에서 출토된 자료로 보아 시기적, 지역적인 것을 무시하고라도 거의 동일한 형태의 송풍관이 출토되고 있다는 것은 비록 시기적인 차이는 있으나 송풍관의 형태가 거의 변하지 않는다는 점이며 송풍기술과 노의 구조에 있어 큰 차이를 보이지 않는다고 할 수 있다. 특히 노 안에 삽입되어 있는 부분이 'ㄱ'자상으로 꺽여져 있는 점과 연결부위에 단이 져 있는 점 등 거의 동일한 양상이다. 이러한 형태의 송풍관은 현재 일본에서는 보이지 않고 한대(漢代)의 유적에서 거의 동일한 것이 출토된 바 있어[36] 주목된다. 따라서 이들 유적에서 지름 20~30cm 내외의 송풍관을 이용하여 노 내에 송풍하는 기술은 한대(漢代)의 송풍기술의 영향을 받았던 것으로 추정되며 이는 제련기술의 계보를 추적하는 데 실마리가 된다 하겠다. 한편 지금까지의 조사결과로는 송풍관의 위치·송풍의 방법·송풍시설물 등 여러 가지 면에서 불명확한 점이 많아 당시의 기술을 복원하는 데 어려움이 있다.[37]

(6) 철생산의 자연과학적 분석

백제지역에서 조사된 철생산유적에서 나온 철재에 대한 분석은 현재 진천 석장리유적의 결과만 있을 뿐이며 나머지 유적은 현재 분석이 진행 중이다. 제련철재의 분석은 일본의 금속학자인 오오사와에 의해 이루어 졌는데 그 대강을 살피면 다음과 같다.

석장리에서 사용된 철광석은 자철광을 사용하였으며 이를 그대로 사용한 것이 아니라 배소후 고온환원하여 선철을 생산하였다. 또한 생성된 선철의 일부는 정련단야로에 내려 탈탄을 거쳐서 연철을 확보하였다.

즉 출토된 노 내에 투입되는 철광석의 외면 현미경 조사 결과 외면에서 원료광석을 용융되지 않을 정도로 가열하면 생성되는 균열이 확인되었다. 이 균열된 광석은 노 내에서 환원이 빨리 진행될 수 있기 때문에 광석을 잘게 부수어 배소하였음을 알 수 있다. 또한 당초 사철의 가능성을 언급하였지만 이는 광석분말로서 티탄의 함유량도 매우 낮은 분석치를 내었다.

제련을 통해 얻어진 선철은 그대로 사용하지 않고 일련의 정련과정을 거쳐 제품생산단계로 넘어가게 되는데 이때 정련은 선철을 산화 탈탄하여 연철을 만들었음을 알 수 있어 철생산지역에서 생산된 철을 재가공처리하는 정련단계까지 일관된 공정이 있었음을 알 수있다. 이는 곧 이제까지 백제의 철생산을 괴련철 생산에 의한 침탄기법을 통한 철기제작이란 일부 분석학자의 주장을 뒤엎는 것으로 이는 철생산유적 조사 결과 현재까지 모든 생산된 철은 선철이라는 점을 뒷받침해주는 결과이기도 하다.

번호	유적명	출토위치	유물명	有金属分定量(Total Fe)	金属化Fe(Metallic Fe)	酸化第2鐵(FeO)	二酸化珪素(SiO2)	酸化アルミニウム(Al2O3)	酸化カルシウム(CaO)	酸化マグネシウム(MgO)	酸化カリウム(K2O)	酸化ナトリウム(Na2O)	酸化マンガン(MnO)	二酸化チタン(TiO2)	二酸化クロム(CrO2)	酸化(S)	五酸化燐(P2O5)	塩素(Cl)	バナジウム(V)	銅(Cu)	砒素(As)	礦滓成分	滓中成分 Total Fe	TiO2 Total Fe
SKT-1	石候里	A地區	鐵滓鑄造滓	67.56	0.29	25.13	66.54	4.78	0.33	0.14	0.12	0.04	0.041	0.29	0.06	0.029	0.01	0.047	0.047	0.05	0.02	0.002	5.451	0.081	0.001
SKT-2	石候里	A地區	鐵滓鑄造滓	64.04	0.11	5.07	66.77	4.60	2.28	0.14	0.40	0.63	0.049	0.06	0.30	0.046	0.01	0.096	0.03	0.05	0.03	0.001	80.099	0.126	0.005
SKT-3	石候里	A-1號爐	鐵滓(鑄鍛冶滓)	68.20	0.17	19.34	65.78	3.25	0.67	0.07	0.03	0.07	0.063	0.02	0.18	0.022	0.01	0.074	0.05	0.05	0.02	0.001	4.153	0.061	0.003
SKT-4	石候里	A-2,3號爐	鐵滓(鍛冶滓)	66.01	0.28	29.26	61.46	5.31	1.15	0.24	0.06	0.13	0.044	2.02	0.17	0.018	0.01	0.260	0.14	0.05	0.04	<0.001	6.934	0.105	0.003
SKT-5	石候里	B區竪穴	鐵滓(鍛冶滓)	68.20	0.23	20.86	74.00	3.56	0.57	0.13	0.04	0.05	0.026	0.02	0.19	0.016	<0.01	0.062	0.03	0.05	0.02	<0.001	4.376	0.064	0.003
SKT-6	石候里	B區トレンチ	鐵滓(鍛冶滓)	66.97	0.10	21.44	74.64	2.26	0.56	0.04	0.03	0.05	0.021	1.04	0.29	0.051	0.01	0.060	0.03	0.05	0.03	<0.001	2.961	0.043	0.003
SKT-7	石候里	B區地表	鐵滓(鍛冶滓)	65.31	0.20	30.28	59.44	6.08	1.25	0.91	0.05	0.16	0.068	0.02	0.15	0.022	<0.01	0.209	0.08	0.044	0.03	<0.001	7.728	0.118	0.004
SKT-9	石候里	A-8號爐 外部	鐵內皮	65.10	0.12	44.40	59.44	8.79	0.68	0.32	0.17	0.20	0.034	0.12	0.11	0.007	0.01	0.155	0.04	0.001	0.03	0.001	10.764	0.166	0.002
SKT-10	石候里		鐵內皮(焙燒鐵石)	60.38	0.07	42.23	39.30	5.71	1.50	0.23	0.23	0.23	0.046	0.04	0.07	0.023	0.03	2.42	0.25	0.001	0.04	0.001	8.035	0.33	0.001
SKT-11	石候里		鐵・滓(含鐵還化)	67.42	0.06	67.87	20.88	4.88	1.26	0.73	0.37	0.30	0.13	0.14	0.08	0.017	0.01	0.658	0.14	0.001	0.03	0.001	7.67	0.114	0.001
SKT-12	石候里		羽口マグネタイト系付着	32.37	0.04	12.89	31.90	41.2	8.14	1.65	0.55	1.78	0.49	0.09	0.42	0.019	0.01	0.208	0.06	0.005	0.004	<0.001	53.81	1.662	0.013
SKT-15	石候里		流出孔残	48.91	0.05	57.51	5.94	28.2	2.59	2.99	0.28	1.10	0.22	0.04	0.17	0.019	0.01	0.206	0.04	0.001	0.02	<0.001	35.38	0.723	0.003
SKT-16	恒口雙谷里		鐵内皮出滓	39.69	0.12	46.66	4.50	35.5	3.89	5.05	0.72	1.78	0.36	0.20	0.41	0.013	0.01	0.193	0.07	0.005	0.03	0.002	47.3	1.192	0.010
SKT-20	恒口雙谷里		鐵・滓	55.46	0.06	62.51	9.74	20.4	1.54	2.25	0.33	0.75	0.13	0.06	0.15	0.011	0.01	0.205	0.03	0.005	0.02	<0.001	25.5	0.460	0.003

진천 석장리 철재 분석표

2) 철기생산공정

(1) 철기제작 유구, 유물현상

철기생산공정은 제련 과정에서의 선철을 재처리하여 철기제작소재를 만드는 공정과 이 철기제작소재를 이용해 철제도구를 제작하는 공정으로 나눌수 있다. 일반적으로 이야기되는 단조작업공정을 일컫는다.

단야유구를 찾아내는 것은 그동안 많은 시행착오를 거쳐 왔다. 즉 단야로에 대한 인식 부족으로 조사 당시 확인하지 못하면 자칫 놓치기 쉽기 때문이다.

단야작업에 필요한 것은 노와 송풍시설, 대석, 그리고 망치와 집게, 끌, 물 등이 가장 필요한 요소들이다. 그러나 이들은 대부분 단야작업장에서 확인되는 경우는 매우 드물다. 특히 망치와 집게, 끌 종류의 단야구는 당시 장인들에게는 가장 필용한 도구이기 때문에 현장에서 발견되는 일은 없고 대부분 무덤의 부장품으로만 출토되고 있다. 다만 유적에서는 사용하였던 노와 송풍구, 그리고 작업과정에서 나오는 철재와 단조박편, 구상입재 등이 검출될 뿐이다. 지금까지의 조사에서 단야로가 일부 확인되었으나 원상태를 가진 것은 없고 모두 거의 노의 바닥만이 남아 있으며 노벽이나 노바닥은 모두 뜯겨져 나간 상태이다. 또한 송풍구도 극히 일부 유적에서만 확인되므로 결국 단야로의 확인 여부는 대부분 노가 있는 주위에서 채집되는 단조박편이 결정적인 단서가 되며 단야작업시 생성되는 단야철재의 폐기장 등의 확인을 통해 철기생산의 일면을 알 수 있다.

(2) 자연과학분석을 통한 본 철기제작

철기생산유구을 통해 얻을 여러 가지 정보 중 가장 철의 성질을 이해할 수 있는 방법은 금속학적 자연과학분석이다. 최근 여러 차례의 분석이 있었지만 일부 신빙성이 없는-즉 고고학적 발굴결과를 무시한- 데이터가 나오는 경우도 있다. 여기에서는 장기간 국내의 철기분석을 하여온 신경환의 백제지역 철기분석결과를 소개하고자 한다.

시료는 풍납토성 자료와 용인수지지구 출토자료를 대상으로 하였다. 분석결과 저탄소계 또는 중탄소계단조철기들이었다. 단조철기의 제강방법은 괴련철을 이용한 침탄에 의한 제강이 아닌 용강을 정련하여 강을 얻는 방법으로 이 강괴를 열간단조처리를 통해 철기를 제조한 것으로 밝혀졌다. 이 용강을 하는 데는 석회석, 규사질, 알루미나 계통의 재료들이 사용되었다. 열간 단조는 주로 가열로를 사용하고 있지만 일부 철기는 침탄로를 사용하여 제조한 것도 확인된다. 단조철기의 열처리는 공냉하였으며 일부 냉간단조공법을 사용하기도 하였다.

(3) 백제지역 철기생산유형

지금까지 조사된 단야유구는 그 집단 내의 소속 여부와 제작하는 유물의 종류, 그리고 단야기술력의 차이에 따라 구분된다. 이를 단야유구의 하나의 속성으로 파악 분류하여 정리하면 다음과 같은 형식분류가 가능하다.

가. 입지에 따른 분류

단야유구의 입지에 따른 분류로서 여기에서의 입지란 단야유구가 어떤 성격의 집단 내에 조영되었는가 하는 것이다.

먼저 생산집단내 조영된 경우로서(Ⅰ형) 생산집단은 다시 철생산전문집단(Ⅰa형)과 일반적 생산(예를 들면 토기, 숯, 기와 등과 같은 생산)집단 내에 조영되는 경우(Ⅰb형)이다.

전자에 해당되는 유적으로는 화성 기안리, 진천 석장리유적 있으며, 후자에는 미사리, 갈매리유적 등이 이에 해당된다.

둘째는 취락 내에 단야유구가 조성되는 경우인데(Ⅱ형) 이는 취락의 규모와 성격에 따라 다시 비교적 대규모의 집단 내와 소규모 취락 내 단야유구 조성인 경우로서 이는 철제작소재의 공급이 원활한 지역과 그렇지 못한 경우가 맥락을 같이 한다. 즉 생산된 선철(銑鐵)의 수급(Ⅱa), 철정(鐵鋌)과 같은 철기중간제작소재의 수급(Ⅱb), 폐품(廢品)의 수집과 수급(Ⅱc)과 같은 3종류 형태로 구분 할 수 있다. Ⅱa의 경우는 거의 보이지 않지만 다만 초기철기유입의 경우 이러한 형태도 분명히 존재할 수 있기 때문에 둘 수 있으며, 거의 Ⅱb형이 대부분을 차지하고 있지만 정치적, 경제적, 지리적 이유로 앞서 언급한 파철의 재이용을 통한 Ⅱc형도 취락에서의 철기제작의 한 형태로 자리하고 있음을 알 수 있다.

나. 생산제품에 따른 분류

다음 분류기준으로는 생산 제작되는 물품의 차이로서 이는 철소재를 제작하는 단계(A형)와 철기제품을 제작하는 단계(B형)로 구분된다.

철소재의 경우는 일반적인 철소재(일본에서는 이를 대단야로 구분한다)인 신철이나 정련과정을 거친 소재를 중간단계의 철기제작소재를 제작하는 경우(Aa) 이와는 별도로 폐품 등을 모아 중간소재를 제작하는 경우(Ab)로 분류할 수 있다.

철기제품을 제작은 제작되는 철기의 기술적 차이를 반영하는 것이다. 일반적으로 마구(馬具), 단갑(短甲), 대도와 같은 제품의 제작을 최상품(Ba)으로 둘 수 있으며 일반 무구류(武具類)의 제작과 공구류(工具類)의 제작을 중급(Bb)제작기술로 보고 하급은 가장 간단한 도구의 수리, 제작, 재사용 등의 하급기술(Bc)로 구분해 볼 수 있다. 이 분류기준은 현재까지 출토되는 철기유물을 기준으로 판단하여 보면 단조기술상의 난이도 즉 세부가공기술, 늘림기술, 단접기술, 절단기술과 함께 강도의 차이 등을 감안한 것으로 매우 독단적인 판단일 수 있다.

이상과 같은 분류가 가능하다면 이를 다시 조합하여 단야유구의 유형을 알아보고자 한다.

1유형 - 철전문생산집단 내의 단야유구로서 원활한 선철 등의 공급을 받아 중간소재가 되는 철정 등의 제작과 함께 상급수준의 철기제작이

가능한 단야유적이다. 대부분 철생산유적과 같이 있거나 생산된 철을 그대로 수급할 수 있는 국가경영 정도의 시스템 하에 두는 단야유적으로 진천 석장리, 화성 기안리유적 등이 속한다.(Ⅰa +Aa +Ba)

2유형 - 생산전문집단 내의 철기생산집단의 단야유적으로 생산유물은 중간소재의 제작도 있지만(풍납토성, 아산 갈매리유적) 대부분 중상급의 철기를 제작하는 형태로 이 경우는 대부분 제작소재를 대부분 공급받아 상급의 철기제작을 주로 하는 형태로, 전문제작집단에 의한 대량생산으로 주로 무기, 공구류를 직접 소비집단에게 공급해주는 역할을 하는 것으로 보인다. 화성 장안리유적 등이 해당한다.(Ⅰb + Aa + Ba)

3유형 - 취락집단 내 단야공방터이며, 중간소재의 보급을 받아 철기제작을 하며, 일반적인 상급의 철기는 제공받으며 자체적으로 일부 제작가능한 비교적 대형취락집단 내에 위치하며 자체 소비 및 인근 소규모집단의 철기공급자로서의 역할이다. 3유형은 다시 그 규모나 단야형태에 따라 세분될 수 있으나 구체적 증거로 확인하기는 힘들다. 백제지역의 각 취락지 내에서 확인되는 단야유적이 대부분이 속한다.(Ⅱb +Bb, Bc)

4유형 - 취락집단 내의 단야공방이란 점은 3유형과 동일하나 중간소

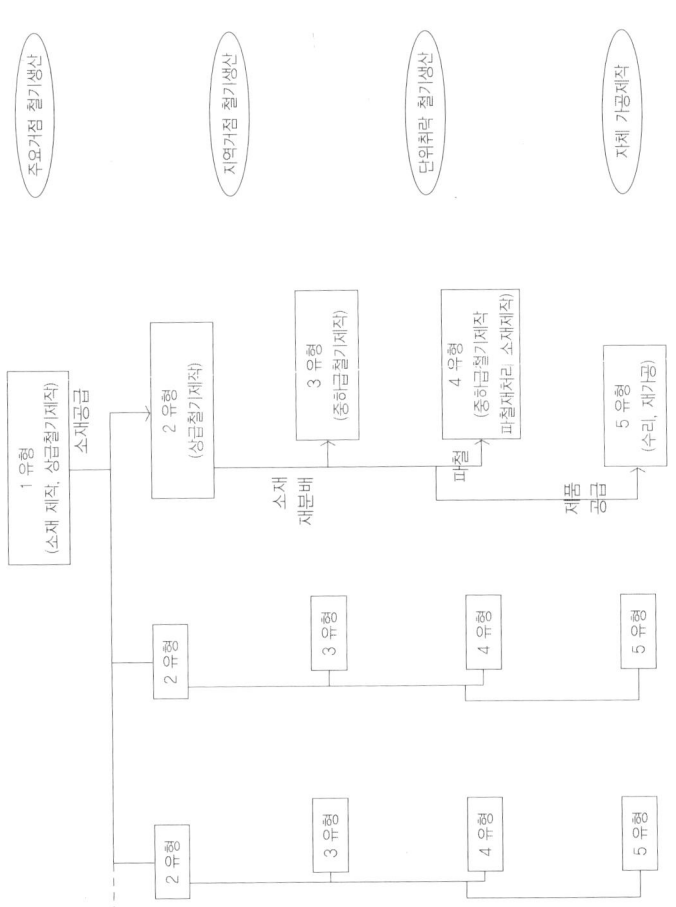

재의 공급을 받았을 수도 있지만 부족하여 자체적인 파철의 수집 또는 타 집단으로부터의 수급을 통해 재용융과정을 거쳐 중간소재를 제작하고 중급이하의 철기를 제작하는 단계로서 철기제작소재의 유통이 원활하지 못한 시기나 집단의 한 형태이다. 그렇지만 이 4유형은 3유형이 단순한 철기의 생산에 머문데 반해 이 유형은 새로운 소재의 자가생산이라는 철기의 이용에 있어 보다 발달된 형태로 볼 수 있다.(Ⅱc +Ab, Bc)·

5유형 - 최하위단위로서 소규모 취락 내 공방에서 매우 간단한 철기의 제작이나 수리, 재처리 정도의 수준이다. 이 유형은 철기초기 유입단계의 한 형태로도 보일 수 있으며, 철기의 공급이 원활치 못한 단계의 현상으로 이러한 형태는 이후 소외지역의 철기제작의 한 형태로 꾸준히 지속된다고 본다. 현재는 가장 이른 단계의 단야유구가 해당되며, 3유형의 일부 유적의 경우 보고내용이 확실치 않아 구분하기 힘들지만 5유형에 해당되는 것도 있다고 본다.[38](Ⅱc + Bc)

이상과 같은 유형의 분류는 매우 포괄적인 분류이며 또한 정확하게 그 단야유적이 적합하게 해당되는 지에는 아직 의문이 있다. 그러나 이 유형은 기본적으로 지금까지 조사된 유적의 성격에 한해 판단한 것이며 앞으로 많은 단야유적이 조사될 경우 보다 세분할 가능성도 있다. 그러나 지금 단계에서 이러한 유형별 분류는 앞으로 단야유적의 성격

파악과 단야유적의 조사를 통해 집단 간, 지역 간의 철기사용실태와 철기의 공급형태에 따른 단야유구의 상황이 직접적으로 경제적 차이를 보여주는 적극적인 자료로 활용될 수 있을 것이다.

또한 이러한 유형별 분류는 시간적 공간 안에서 볼 수 있는 동시기의 철기수급상태를 해석할 수 있다고 본다. 예를 들면 3·4유형이 3세기 후반 변진한지역(弁辰韓地域)에서 매우 집중적으로 나타나고 있고 이것이 출토되는 주거집단의 철기유물이 매우 공통성이 없이 자율적으로 만들어지고 있다는 것은 3·4유형이 나타나게 되는 철기수급의 용이함과 단조제작기술의 보급화로 이해할 수 있다. 그러나 이후 4세기 중엽, 5세기에 이르는 집단 내에서는 4유형의 빈도가 떨어지고 오히려 2유형에 속하는 자료가 증가하는 것은 다시 그동안의 공인집단(工人集團)의 재편성 또는 철기공급 형태의 변화을 보여주는 것으로도 볼 수 있는 것이다. 이러한 과정속에서 철기출토상황에서 획일화되고 정형화된 철기의 출토와 함께 철정이라는 새로운 철기제작소재가 등장하는 문제를 해석할 수 있을 것으로 본다.

한편 지역적으로 1유형과 2유형이 아직까지는 충청도 지역과 경주·김해지역이 중심적으로 나타나는 반면 호남·강원지역에서는 아직까지 3·4유형이 주류를 이룬다. 다만 이 지역들이 아직 조사빈도가 낮은 이유가 되기도 하겠지만 근본적으로 철기의 공급에 있어 주요생산거점과 지리적·정치적으로 멀기 때문에 소재를 단순히 수급받아 필요한 자가제작에 그치고 주요 철제품은 상위단위로부터 수입에 의존하는 양상으로도 해석할 수 있다.

 따라서 1유형을 주요거점 철기생산으로 보고 2유형은 1유형으로부터 원료을 제공받는 지역거점 철기생산으로 볼 수 있다. 이에 반해 3·4유형 즉 취락단지 내 철기생산 즉 지금의 대장간과 같은 역할을 하는 취락 내 공급을 위한 단위취락철기생산, 그리고 최종 단계인 5유형은 단순한 수리, 재가공만을 담당하는 가장 초보적인 수준의 철기사용실태을 보여준다. 특히 5유형은 생산체제속에서는 가장 하위의 수준이지만 이를 다시 한반도 철기의 흐름속에서 본다면 가장 이른 단계의 철기제작상황을 보여주는 것이기도 하다.

백제의 철기

 삼국시대 철기는 대부분이 고분에서 출토되며, 취락을 비롯한 고분 이외의 유적에서는 출토되는 양이 적다. 특히 백제지역에서 출토되는 철기는 신라·가야지역에 비해 양적으로 열세이다. 이는 백제지역의 고분 조사가 신라, 가야지역에 비해서 상대적으로 미미하고 박장과 같은 장제관습을 비롯하여 잦은 전쟁으로 인한 무기부장의 통제 등 당시의 시대상황과도 연관될 것이다.[1] 그러나 한편으로는 철기의 생산과 소비 및 보급과도 관련지을 수 있다. 철기의 소비와 보급 정도는 그 생산량에 비례한다. 철의 대량생산체제를 갖추고 항시적으로 대량의 철기를 생산할 수 있는 지역에서는 철기의 보급과 소비가 많을 것이다. 그러나 그렇지 못한 지역에서는 부족한 철기의 보급을 재활용과 재생산 등 순환적 철기 생산방법을 통해서 충당하였을 것이다. 이러한 지역적 상황이 고분 출토 철기의 양적 차이로 나타날 수도 있을 것이다.
 최근에는 백제지역에서도 고분 조사의 증가로 인해 백제철기 전반에 대해서 상세하지는 못하지만 대강이나마 살펴볼 수 있을 정도의 자료가 축적되고 있다. 이 글에서는 고분 출토 철기를 중심으로 하여 백제[2]의 철기를 기종별로 분류하여 해당 시기에 따른 변화상을 살펴보고자 한다.

1. 철제무기

무기는 상대방을 공격하여 상해를 입히는 것을 목적으로 제작된 도구이다. 기능에 따라서 공격용무기와 방어용무기로 구분된다. 공격용무기에는 도, 검, 창, 모, 궁시, 부가 있는데 근접전용의 단병기로는 도와 검 그리고 부가 있고, 장병기에는 창과 모가 있으며 원거리 무기인 궁시는 사병기(射兵器)라고도 한다.[3] 방어용무기는 일반적으로 무구로도 통칭되는 갑주와 방패가 있고, 이외에 마름쇠와 같은 방성용무기도 있다.

백제지역에서 출토되는 무기로는 단병기에서는 대도, 장병기에서는 철모, 그리고 철촉이 주이고 검과 창의 출토 예는 거의 없으며 갑주의 출토 또한 극소수이다. 따라서 이 글에서는 대도와 철모, 철촉을 중심으로 하여 갑주 및 궁시에 관련된 성시구에 대해서는 간략하게 언급하도록 하겠다.

1) 대도

도는 검과 함께 근접전의 주된 무기로 베고 찌르는 기능을 가지지만 양날인 검과는 달리 외날로 제작되어 베는 것을 주목적으로 한다. 인부와 병부를 나누는 코등이가 부착된 검과는 달리 고분 출토 대도에는 코등이가 부착되지 않는다. 검은 찌를 때 힘이 검신에 일직선으로 실리기 때문에 날로부터 쥐는 손을 보호하고 찌른 힘을 극대화시키기 위해서 코등이가 반드시 부착된다.[1] 이에 반해 도는 벨 때 힘이 칼날에 수직으로 받기 때문에 두꺼운 칼등(刀背)은 필요로 하지만 코등이가 반드시 부착될 필요는 없다. 또한 도는 금속학적 분석에 따르면 날 부분과 외면이 탄소함유량이 높은 강철이고, 반면 내부는 탄소함유량이 낮은 연강(軟鋼)인 경우가 많다.[5] 이는 도가 베는 무기임을 감안해 대상에 직접 타격을 가하는 날 부분에 단단한 강철을, 그리고 내부와 칼등은 날의 충격을 흡수하여 부러짐을 방지할 수 있는 보다 연한 철로 구성시킨 것이다. 이러한 제 현상들로 보더라도 도는 찌르기보다는 베는 기능으로 제작된 무기임을 알 수 있다.

청동기시대의 동검과 석검에서 원삼국시대 철검에 이르기까지 검이 근접전에서 단병기(短兵器)의 주된 무기였다. 그러나 원삼국시대에 철도가 등장하여 원삼국시대 후기 이후부터는 도가 검을 대체하게 된다. 중국의 경우에도 전한시대까지 검이 단병기의 주류를 이루지만 전한 중엽 이후 도가 소환두도의 형태로 등장하여 후한대가 되면 소환두대도가 검을 구축하고 이후 단병기의 주류를 점한다.[6]

원삼국시대의 유적의 조사예가 활발한 영남지방을 보면 원삼국시대 전기에는 세형동검과 유사한 철검이 주로 출토되고, 도의 경우에는 일

대도

부 소형의 소환두도가 출현한다. 원삼국시대 후기의 목곽묘의 출현과 함께 길이 1m 내외의 환두대도가 등장하는데 이후 검의 출토는 감소한다.

백제지역에서도 위의 영남지방의 경우와 유사하리라고 판단된다. 원삼국시대 전기에 해당되는 유적의 조사예가 없어 확실치 않지만 천안 청당동, 청주 송대리, 오산 수청동의 원삼국시대 후기 내지 한성시대의 전반단계의 백제분묘에서 환두대도와 소형의 직도가 출토되고, 검은 한성기 후기의 논산 무촌 92-5호 석곽묘와 부안 죽막동 제사유적, 몽촌토성에서 출토될 뿐 거의 출토되지 않는다. 이것으로 보아 백제지역에서도 원삼국시대 후기가 되면서 도의 사용이 일반화 되었다고 볼 수 있다.

도는 대체로 병부 끝의 고리부착 유무와 고리장식의 형태에 의해 크게 구분하고, 길이에 따라서 재차 분류하는 경향이 많다.[7] 이 글에서는 대도를 중심으로 병부에 장식이 없는 고리가 부착된 것을 소환두대도, 고리에 장식을 가한 것을 장식대도, 고리가 부착되지 않은 것을 직도로 구분하여 살펴보고자 한다.

환두대도는 손잡이 끝부분인 파두부(把頭部)에 원형 내지는 타원형의 고리(環)를 붙인 것이다. 이처럼 병부(柄部)에 고리를 부착한 것은 환수도(環首刀), 환병도(環柄刀)라고도 불린다. 환두대도 중에서도 고리에 아무런 장식을 가하지 않은 소환두대도와 상감과 용봉문 등의 장식을 가한 장식대도가 있다.

환두도는 중국의 전한 중엽에 등장하여 후한시대 이후 단병기의 주류를 점한다. 한반도에는 낙랑설치 이후 전래된 것으로 추정되는데 기원전 1세기 후반으로 편년되는 창원 다호리 1호 목관묘에서 소형 환두도가 출토되었다. 이 환두도는 공격용무기보다는 삭도(削刀) 내지는 호신용으로 보는 것이 타당하다.

백제지역에서는 2~3세기의 원삼국시대 후기로 편년되는 양평리 2호 적석총에서 소형의 소환두도가 출토되었다. 이 적석총은 축조세력과 계통에 대해서 정설은 없지만⁴⁾ 발견되는 지점이 임진강과 한강 중상류 지역으로 나중에 백제의 영역 내지는 경계에 해당되는 지역이다. 따라서 이 소환두도의 출토에서 백제지역에서도 원삼국시대에 이미 환두도는 파급되었을 것으로 본다.

소환두대도는 환두부의 형태와 부착방법, 도신과 슴베를 경계 짓는 관부의 유무 그리고 도신과 슴베의 폭의 변화 등의 속성으로 형식화의 변화과정을 살펴볼 수 있다.

소환두대도가 출토되는 가장 빠른 단계인 3세기 중후반으로 편년되는 청당동 18호묘와 다음 단계인 동13호묘, 동14호묘, 22호묘 등에서 출토된 소환두대도는 모두 도신과 슴베, 고리가 일체로 제작되었으며, 도신과 슴베를 나누는 관부가 뚜렷하지 않고, 병부와 신부의 폭이 거의 비슷하다. 폭이 넓은 슴베에는 목제의 손잡이를 부착치 않고 포 내지는 가죽, 노끈 등을 감아 사용했을 것으로 짐작된다. 도신과 슴베, 고리인 환두가 일체로 제작된 형식은 중국 한대와 삼국시대의 소환두대도와 동일한 구조이다. 따라서 백제 초기의 소환두대도는 원삼국시대의 것과 거의 동일한 형식으로 볼 수 있고, 중국 한대의 소환두대도에서 그 계보를 구할 수 있다.

그런데 청당동 13호묘와 14호묘 출토 소환두대도는 도신과 병부가 일체로 공조되었지만 슴베의 폭이 도신에 비하여 좁아지고 병부가 길어지며 14호묘 출토의 것은 약하게 관부의 기미가 보인다. 이러한 현상은 한대의 전통에서 점차 재지화의 과정을 거치는 단계로 볼 수 있다. 이러한 시점이 정치적으로 백제가 고대국가로 발전하는 단계에 해당된다. 즉 백제의 출현과 더불어 소환두대도 등의 무기에 있어서도 변화양상이 나타나기 시작하는 것으로 파악할 수 있다. 이는 다음 단계의 청원 송대리유적에서 출토된 소환두대도에서 그 양상이 더욱 잘 나타난다. 송대리 11호묘, 13호묘, 27호묘에서 출토된 소환두대도는 도신과 슴베의 구분이 관부에 의해 뚜렷이 구분되고 슴베는 도신의 폭에 비해 한층 가늘어지는 등의 속성이 확인된다. 그리고 가늘어지는 슴베로 인해 인부 쪽에 관부가 뚜렷해지는 것과 함께 칼등에서 슴베로 이어지는 부분이 약하게 꺾이는 현상이 보인다.

한편 병부의 굴곡현상과 함께 도신 전체가 인부 쪽으로 약하게 내만하는 속성을 가진 환두대도가 간혹 출토된다. 이러한 내만하는 환두대도에 대해서 다음과 같은 논지가 있다. 먼저 '대도 본래의 자르는 기능의 증대를 위해 힘을 집중시켜서 목표물을 벨 때 감아주는 역할'이라는 것이다.[3] 다음은 '본래는 곧은 직배도(直背刀)였지만 긴 시간을 거치면서 땅 속에서 철이 변화되어 날 부분의 축소율이 크게 일어나 자연적으로 내만되었다'는 것이다.[10] 그리고 '중국과 한반도에 내만하는 대도가 확인되지 않는 점을 감안하여 열처리의 유무를 포함하여 제작자의 제작방법과 기술의 차이에 의한 결과'로 보는 것이 있다.[11] 도는 베는 것을 주목적으로 제작된 무기이다. 그러나 실전에서는 완전히 절단하는 즉 '참'(斬)의 효과보다는 길게 선으로 베어내어 깊은 상처를 입히는 것이 보다 효율적일 것이다. 병부가 약간 내경하게 제작된 것은 힘을 집중시킬 수 있는 효과를 가진다. 그렇지만 도신 전체를 내만하게 제작하면 선술하였듯이 베어내릴 때 비효율적이고, 공기저항을 받아 휘두르기에도 불편할 것이며, 또한 칼집에서 빼낼 때도 불편을 감수해야 할 것이다.[12] 따라서 날이 내만하게 제작된 것은 제작기술의 차이에 의한 것으로 생각된다.

　도신과 병부가 일체로 제작된 소환두대도는 이후 고리부분의 부착방법에서 변화가 나타난다. 고리만을 따로 만들어 슴베의 끝부분을 고리에 감은 후 단접하는 방법과 철봉을 휘어 고리와 돌출된 부분을 만들어 슴베에 못으로 고정하는 방법이 있는데 대부분 후자의 방법으로 제작된다. 또한 고리의 형태에도 변화가 보이는데 이전의 원형 내지 타원형의 형태에서 각을 거의 죽이지 않은 방형과 오각형의 형태가 나타나고, 차츰 목제칼집의 흔적이 확인된다.

　장식대도는 한성시기의 후반에 등장한다. 천안 화성리A-1호묘에서는 환두부에 은입사상감으로 인동당초문과 같은 장식을 가미한 소환두

장식대도

대도가 나타나고, 목제칼집의 흔적과 목제 병부의 제작에 사용된 병연금구와 병두금구가 부착된 상태로 출토된다.

한성시기 후반 이후가 되면 환두부분에 상감을 하던지 금, 금동, 은제로 환두 내부에 용문, 봉황문, 삽엽문, 이엽문 등이 장식되고, 병부에 금사, 은사 등으로 감거나 비늘문을 입히는 것과 같은 장식대도가 출토된다. 용봉문 등으로 장식된 환두는 주로 금동제가 많은데 외환과 내부의 용상 등을 일체로 주조하여 도금하는 방법으로 제작한다. 장식환두대도는 중국에서는 남북조시대에 출현[13]하는데 백제지역의 장식대도 역시 남북조시대의 장식대도에서 그 계통을 구할 수 있다. 한성기 말엽 내지 웅진기 초엽으로 편년되는 천안 용원리 1호 석곽묘와 동 12호 석곽묘에서는 각각 금동용봉문대도와 은상감금장봉문환두대도와 같은 장식대도가 출현한다.

한편 환두 내부에 삽엽문을 장식한 대도는 5세기 후반대의 유적인 청주 신봉동고분과 6세기의 나주 신촌리 9호 을관에서 출토된다. 이 삽엽문환두대도는 신라와 가야지역에서 출토예가 많으며 그 직접적인 계통은 고구려에서 구하고 있다.[14] 이외에 직도의 병부 끝부분에 장식금구를 붙인 장식대도가 있는데 나주 복암리 출토의 규두대도와 송산리 1호분에서 출토된 원두대도가 대표적이다. 규두대도는 장식금구의 형태가 '圭' 상이고, 원두대도는 장식금구의 끝부분이 둥글게 처리되고, 금구에 하트모양으로 구멍을 낸 형태이다.

백제지역에서 장식대도의 출현시점은 백제계유물이 출토되는 대가야고분 출토품을 통해서 알 수 있다. 합천 옥전고분의 M3호분과 같이 5세기 후반의 전엽으로 편년되는 고분에서 출토된 장식대도는 모두 백제계통으로 볼 수 있다.[15] 따라서 백제지역의 장식대도는 한성기의 늦은 단계에 도입되고 웅진기 이후에 유행되었음을 추정할 수 있다.

환두대도와 장식환두대도는 권위를 상징하는 위세품으로 본다. 형태에 따라서는 소환두대도-삼엽문환두대도-용봉문환두대도의 순서로, 재질에 따라서 용봉문은 금-금동-은의 순서로 위계 차이가 반영되는 것으로 파악된다.[16]

백제지역에서 환두대도는 원삼국시대 후반에 소환두대도의 형태로 출현한다. 이후 한성기 후반에는 소환두대도와 더불어 새로이 장식대도가 출현하여 웅진기, 사비기에까지 확인된다.

2) 철모

백제지역에서의 창의 출토[17]는 극히 소수이고 철모가 많이 출토된다.

철모는 소켓형태의 투겁에 기다란 자루를 끼워서 사용하는 장병기의 대표적 무기이다. 슴베를 자루에 끼워서 사용하는 창과는 자루장착방법에서 차이가 있다. 철모가 자루장착방법으로 보면 창보다 훨씬 튼튼한 구조이다. 모신과 투겁전체가 철로 되어 있어 같은 길이의 창에 비해 보다 무겁고, 무게중심이 또한 앞쪽에 있어 손에 들고 찌르거나 던져서 목표물을 맞혔을 때 창보다 더 많은 파괴력을 가진다. 후술하겠지만 철모는 신부를 강화하는 형태로 변화된다. 이는 갑주 등 방어용무기

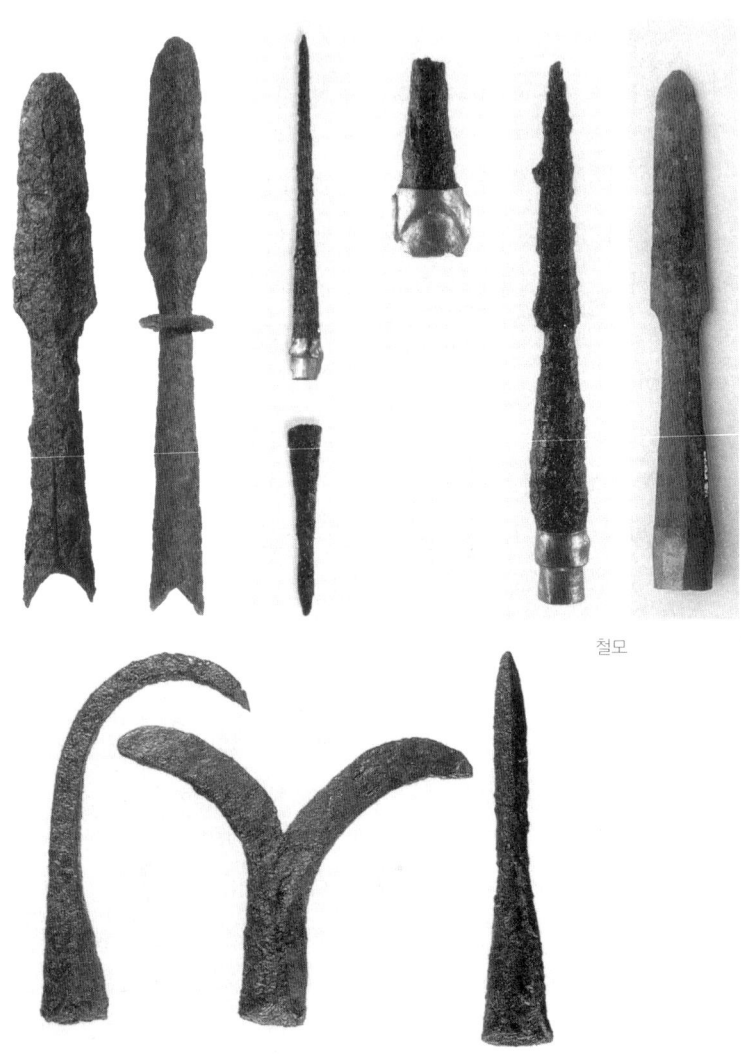

철모

가 발달되고 사용이 일반화되는 과정에서 관통력을 증가시키는 형태로 구조가 변화된 것이다.

 철모는 투겁과 신부의 평면과 단면형태 및 관부의 유무에 따라서 분류할 수 있다.

 먼저 투겁의 가장자리가 일직선인 직기형과 오목하게 처리된 연미형으로 구분되는데 이러한 형태의 차이는 계통을 반영한다. 직기형과 연미형은 각각 중국의 전국시대 연과 한에서 그 계보를 구할 수 있는데 직기형은 낙랑을 거쳐 남부지방에 파급되고, 연미형은 고구려를 거쳐 남부지방에 파급된다.[18]

 백제지역에서는 원삼국시대 후기와 한성기 전기에는 길이가 길고 신부와 투겁부의 비율이 거의 비슷하고 관부가 '〈'상으로 뚜렷하다. 또한 신부에서 투겁으로 이어지는 단면 말각장방형의 경부가 잔존하고, 투겁은 직기형이 대부분이다. 신부는 폭이 넓고 단면 볼록렌즈형이고 투겁의 단면은 원형이다. 이후 철모는 앞 시기에 비해 소형화된다. 신부는 길이가 짧아지고 폭이 축소되면서 단면이 마름모형으로 변한다. 또한 투겁은 연미형이 증가하고 관부와 경부가 퇴화되기 시작하며 경부단면은 거의 원형으로 변한다.

 특히 한성시대 후기가 되면 철모는 신부보다 투겁이 길어지고 관부는 거의 퇴화되어 흔적만 잔존하게 된다. 신부의 폭은 공부보다 가늘어지는 대신 두꺼워져서 정마름모형 단면이 많아진다. 투겁의 형태는 대부분 연미형으로 변하는데 단면 다각형도 나타난다. 그리고 신부와 투겁의 사이에 테두리를 부착한 형태의 반부철모가 출토되었다.[19] 반부철모는 동시기의 철모에 비해 상당히 대형이고 신부의 폭도 넓어 실용품보다는 위세품의 성격이 강한 것으로 현재까지는 신라지역에서 많이 출토되고 있다.

한성기 이후 웅진기가 되면 철모는 관부가 완전 퇴화되고 신부의 폭이 더욱 가늘어져 단면은 대부분이 정마름모형을 이루며 투겁의 단면은 다각형이 많아진다. 부안 죽막동유적에서 출토된 철모는 거의 대부분이 신부가 정마름모형이고 투겁단면이 다각형을 이룬다. 이 중 신부단면이 이등변삼각형인 도신형 철모의 출토가 주목되는데 이런 형식의 철모는 일본 후기고분에서 출토예가 많아 상호 관련 가능성을 추정할 수 있다.[20]

철모의 변화에 있어 가장 특징적인 점은 신부의 속성변화와 투겁을 강화하는 형태로 형식화된다는 것이다. 신부는 투겁에 비해 길이가 축소되고 폭이 좁아지면서 두꺼워져 단면이 볼록렌즈형에서 정마름모형으로 변한다. 이러한 신부의 변화는 결국 신부를 보다 견고하게 하는 과정으로 볼 수 있다. 이런 변화양상은 개인 방어용의 갑주의 발달과 보급에 수반된 변화로 추정된다.

3) 철촉

철촉은 화살의 끝에 끼워서 활이나 노에 장착하여 발사하는 소모성이 큰 단발용의 원거리 무기이다. 화살에서 촉은 목표물에 직접 작용하여 타격을 가하는 가장 중요한 부분으로 선사시대 이래 석촉, 동촉, 골촉 등 재질과 형태가 다양하다. 철촉은 삼국시대의 유물 중 가장 보편적으로 출토되는 것 중의 하나이다.[21] 그러나 백제지역에서는 철촉이 타 무기류와 마찬가지로 신라·가야지역에 비해서 그 출토량이 적은 편이다.

철촉은 촉신의 형태, 슴베의 유무, 경부의 길이, 역자의 유무 등에 따라 여러 형식으로 분류된다. 대체로 촉신의 형태에 따라서는 유엽형, 사두형, 규두형, 능형, 도자형, 착두형, 역자형, 삼각형, 골촉형, 부형, 추형, 양익형 등으로 나눌 수 있다. 이러한 여러 가지 철촉의 분류 중에서 경부의 유무와 변화에 의한 분류가 가장 많이 행해지고 있다.[22] 철촉은 무경식에서 유경식으로의 변화과정이 확인되고 유경식철촉은 경부가 길어지는 형태로 발전한다. 무기로서의 화살이 살상력과 관통력을 증가시키는 형태의 변화양상[23]으로 볼 때 경부의 발달은 곧 철촉의 기능의 증대를 의미한다고 볼 수 있다.

백제지역의 철촉도 이러한 분류범위에서 벗어나지 않는다. 남부지방 전체의 양상과 동일하게 원삼국시대에 백제지역에서 출토되는 철촉은 무경삼각형역자촉이고 후기가 되면 무경삼각형역자촉과 함께 유경식 철촉이 나타난다. 이 단계의 무경삼각형역자촉은 청당동 18호묘와 미사리 한양대 A-1호주거지 출토품처럼 길고 폭이 넓은 촉신에 곡선을 이루면서 벌어지는 역자를 가진다. 이러한 형태의 철촉은 한성기 초까지 계속 출토된다.

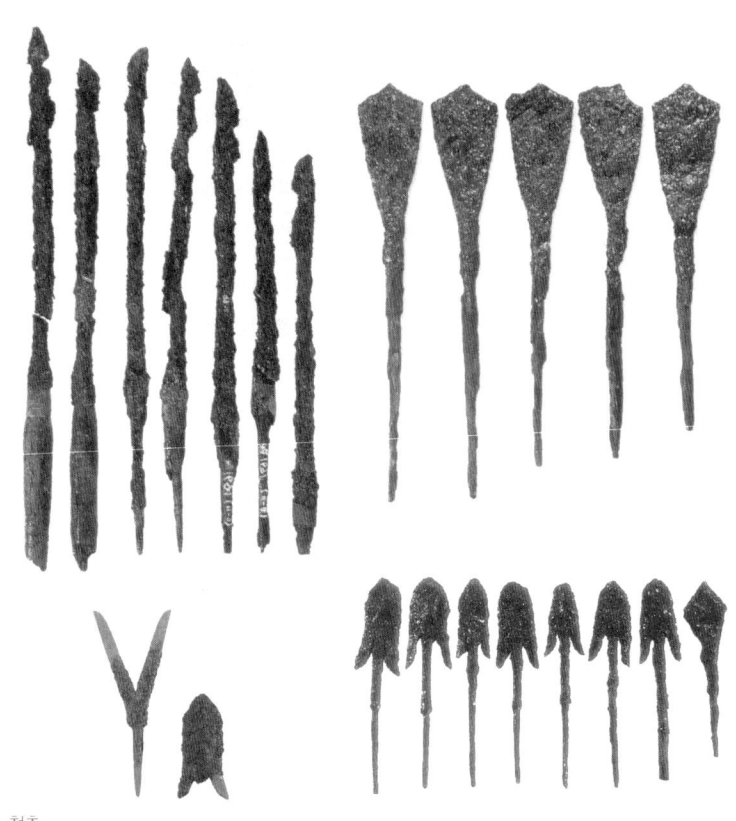

철촉

유경식철촉은 원삼국시대 후기에 등장하여 한성기 전기가 되면 일반화되는데 청당동 14호묘와 22호묘 출토의 추형철촉, 골촉형철촉, 규두형철촉, 착두형철촉 및 풍납토성 가-1호 환호[24] 출토의 사두형 철촉 등이 있다. 이후 천안 용원리 5·9호 석곽묘과 86호 토광묘에서 출토된 규두형철촉[25] 이외에도 착두형철촉, 사두형철촉, 유엽형철촉, 능형철촉 등이 청주 신봉동고분과 천안 용원리고분 및 하남 미사리유적과 파주 주월리유적 등의 취락에서 출토된다.

한성기 후기가 되면 도자형철촉 및 유경식의 역자형철촉의 출토가 확인된다. 신봉동 9호묘에서 출토된 도자형철촉은 신부가 완전히 도자의 형태를 취한 것으로 신라·가야지역에서는 출토량이 많지만 백제지역에서는 찾아보기 힘들다. 대신 촉신이 작고 경부가 긴 장경도자형철촉이 주로 출토되는데 웅진기가 되면 청주 신봉동 B-1호 널무덤 출토 촉과 같이 자가 이단으로 형성된 도자형역자촉이 나타난다. 역자형철촉은 한성기 후기의 신봉동고분과 하남 미사리유적, 파주 주월리유적 등에서 출토되는데 사비기의 나주 신촌리 9호분, 덕산리 4호분 등 영산강 유역의 고분에서 장경화(長頸化)가 진행된 완성된 형태의 것이 출토된다. 도자형철촉과 역자형철촉은 백제지역에서 출토예가 많지 않고, 백제지역 전역에서 출토가 확인되지 않는 것에서 백제에서 보편적으로 사용된 철촉이 아니었을 가능성이 크다.[26]

선술하였듯이 백제지역의 철촉은 무경식에서 유경식으로 변화하면서 촉신의 형태 또한 다양하게 나타난다. 이러한 유경식철촉은 이후 경부를 길게 하는 방법으로 살상력과 관통력 그리고 비거리 등의 기능을 향상시키는 방향으로 발전되었다.

4) 성시구

화살은 선술한 바와 같이 활과 노에 장착하여 발사하는 단발용의 원거리무기이다. 단발용의 원거리무기이므로 소모성이 많아 여러 점을 휴대하기 위해 이를 담는 용기가 있었을 것이다. 화살을 담는 용기는 화살전체가 격납되는 전통(箭筒)과 촉을 포함한 일부만이 담기는 시복(矢箙)으로 나눠진다. 전통은 목제와 가죽 등으로 원형 내지 장방형의 통을 만든 것인데 삼국시대의 실물자료로는 가야고분인 5세기 초엽의 김해 대성동 14호분에서 출토된 장방형의 전통이 유일하다. 시복은 호록 또는 성시구로 불리는데[27] 본체와 전용허리띠, 허리띠와 연결하는 현수장치로 구성되어 있다.[28] 성시구 역시 목재나 가죽으로 제작되어 그 유존 예는 많지 않지만 본체의 가장자리와 허리띠, 현수장치에 부착된 철지금동 내지는 철제로 제작된 보강금구와 연결교구가 출토되는 경우가 많다.

삼국시대의 성시구는 4세기 후반으로 편년되는 고구려 안악 3호분의 벽화와 무용총 등의 5세기대의 벽화묘에 묘사되어 있다. 실물자료는 5세기 전반으로 편년되는 마선구 1호에서 성시금구가 출토되었다. 때문에 남부지방에서 출토되는 성시구는 그 계보가 고구려에 있으며, 호태왕의 남정을 계기로 파급되었다.[29] 성시구는 현수장치 금구의 형태로서 분류와 편년의 근거로 삼는다.[30] 남부지방에서 출토된 가장 고식의 성시구는 5세기 전반 전엽의 경주 월성로 13호분, 부산 복천동 22호분 출토품이 해당된다.

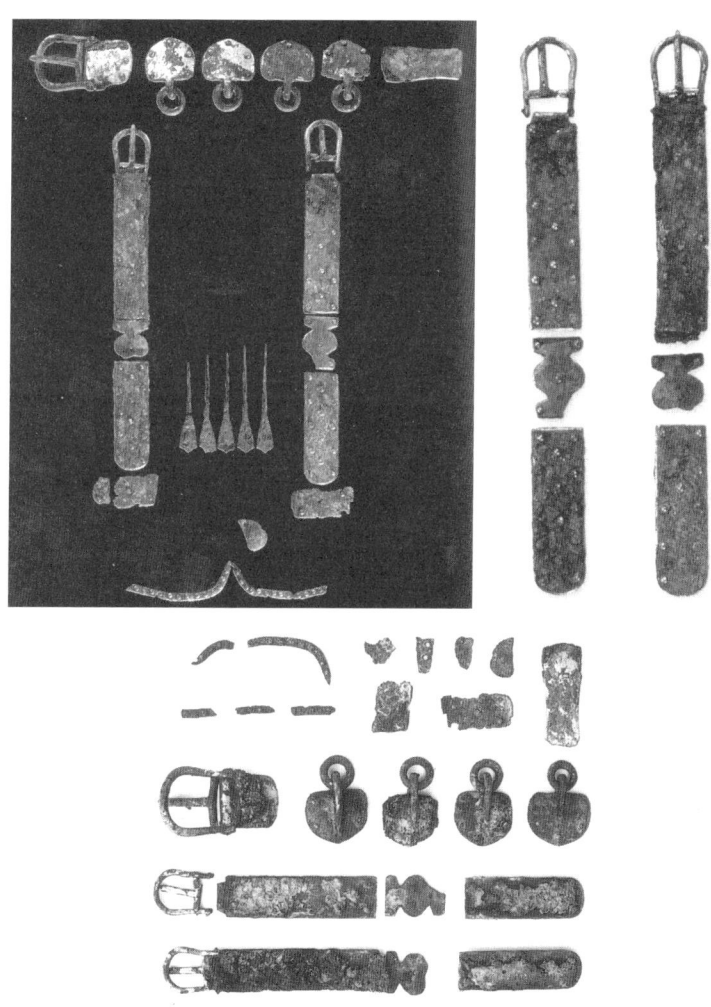

성시구

백제지역에서는 용원리 9호 석곽묘, 동 1호 석곽묘, 공주 송산리 1호분, 화성 백곡리 1호, 동 5호, 마하리 1호, 청주 신봉동고분과 논산 모촌리 93-5호 등에서 출토되었다.
　백제지역에서도 5세기 전반으로 편년되는 천안 용원리 9호 석곽묘에서 가장 고식의 부착식의 중원판금구가 출토되어 신라·가야지역과 출현시점이 거의 같음을 알 수 있다. 용원리 9호 석곽 출토 성시구는 심엽형의 혁대장식용의 수하식금구가 출토되는 것에서 대가야지역과의 관련 가능성이 지적된다. 이후 중원판금구가 일체식으로 변화하면서 중원판금구는 흔적상으로 잔존한다. 웅진기 이후에는 중원판금구는 완전히 사라지고 현수장치는 한 판의 일자식으로 변한다. 간혹 두 판으로 제작되었을 때는 책금구로서 연결시킨다. 또한 직경 2cm 정도 크기의 많은 방형금구를 연결시키기는 형태도 출현한다.[31] 혁대장식 수하식금구는 심엽형에서 타원상으로 형태가 변한다.
　성시구는 출현시점과 형태, 그리고 시간에 따른 형식변화는 신라·가야지역의 성시구와 궤를 같이 하는데 특히 대가야지역과는 거의 동일한 변화양상이 확인된다.

5) 투부[32]

　투부는 도검과 함께 근접전에서 사용하는 대표적 타격기이다. 투부는 상대를 찍거나 치는 기능을 가진 무기이다. 비상시에는 공구로 사용하다가 전시에 무기로 사용한 것이 계기가 되어 무기로 채용되었을 것이다. 도끼가 무기로 채용된 계기는 갑주의 발달과 보급의 확대와 무관하지 않을 것이다. 고구려 벽화고분인 안악 3호분, 약수리 고분 등의 벽화에 묘사된 부수를 통해서 4세기대에 이미 유행하였음을 알 수 있다. 고구려

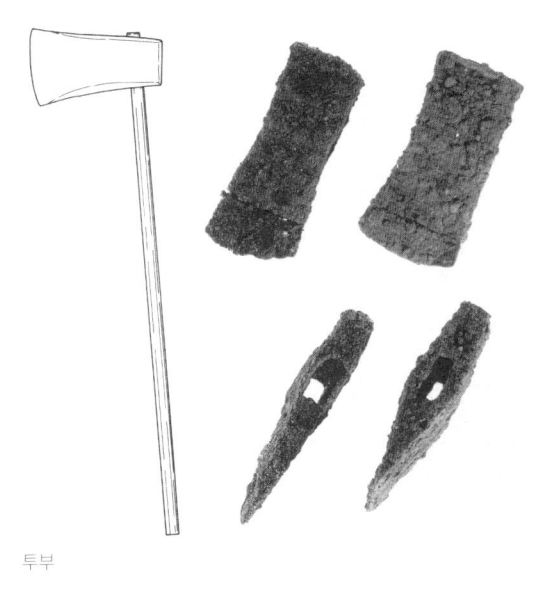

투부

고분벽화에 표현된 투부는 신부 측면에 횡으로 자루구멍을 관통시킨 횡공부(橫孔斧)의 형태이다. 동일한 형태가 북연시대의 풍소불묘와 고구려 유적인 구의동과 아차산 보루유적에서 출토되었다. 남부지방에서 출토되는 투부 역시 동일한 형태로 대부분 5세기 후반의 신라지역에 집중되며 그 계보를 고구려에서 구할 수 있다.

투부는 인부의 폭이 두부보다 큰 것에서 점차 작아지는 것으로, 자루구멍을 중심으로 인부와 두부 쪽의 돌출부가 작은 것에서 큰 것으로 변화된다.[33] 남부지방에서 가장 고식의 투부는 4세기 말 내지 5세기 초로 편년되는 김해 대성동 57호분에서 출토된 것으로 자루구멍에서 단을

지워 인부로 연결될 정도로 인부의 폭이 넓은 평면 'ㄱ'자의 형태이고 두께가 가늘다. 이러한 형태는 삼연시대의 고분인 자마동 ⅡM60호묘에서 출토된 것과 동일하다. 아차산 4보루에서는 평면이 주형(舟形)과 같이 세장한 것도 출토되었다. 이 외에는 대부분이 평면 장방형을 이룬다.

백제지역의 투부는 부여 능산리 3호 횡혈식석실분, 부소산성, 나주 대안리 횡혈식석실분, 순천 용당리 1호 석곽 등 6세기의 사비기에서 주로 출토되는데 이 역시 계보는 고구려에서 구할 수 있을 것이다.

6) 철겸

철겸은 기병전에 사용하는 대표적인 무기이다. 긴 자루를 장착하여 기병을 걸어 당겨 낙마시키거나 말의 발목을 걸어 쓰러뜨리는데 사용된 무기로 추정된다. 앞서 언급한 투부와 마찬가지로 비상시에는 농구로 사용하다가 전시에 무기로 대용했을 것이다.

백제지역에서 철겸에 긴 자루를 장착하여 무기로 사용한 예는 공주 하봉리 8-1호묘에서 확인할 수 있다. 공주 하봉리 8-1호묘에서는 철겸과 물미가 세트로 158cm의 간격을 두고 목곽라인에 접하여 일직선상에서 출토되었다. 출토 상태로 볼 때 철겸에 긴 자루를 장착하고 자루의 끝에는 물미를 끼운 것임을 알 수 있다.

이 외에 부소산성과 고구려 유적인 구리 아차산과 서울 구의동 보루 등에서 철겸이 철부와 철모 등과 함께 출토되어 이들과 함께 무기로 사용되었음을 짐작할 수 있게 한다.

7) 갑주

우리나라에서 완성된 형태의 철제갑주가 출현하는 것은 4세기 이후부터이다. 원삼국시대에는 소찰편이 일부 출토될 뿐 완형은 보이지 않는다.

백제지역에서 출토된 갑주는 완형으로 출토된 예가 적다. 몽촌토성 85-4호 저장공에서 골제소찰, 하남 미사리 B3호 주거지의 철제소찰, 용인 수지 Ⅱ-1호 주거지의 소찰, 파주 주월리유적의 소찰과 삼각판 철판, 부여 송국리(76-58지구)의 소찰 등 취락에서 출토된 것이 있고, 부안 죽막동 제사유적에서 소찰과 석재의 판갑모방품이 출토되었다. 그리고 부소산성에서 찰갑이, 음성 망이산성에서는 완형의 횡장판정결판갑이 출토되었다. 고분 출토 갑주는 청주 신봉동 90-B-1호분의 삼각판정결판갑, 견갑, 상박갑, 동 92-2호석실분의 횡장판주, 함평 신덕고분의 종장판주와 찰갑, 청주 봉명동 C-10호묘의 소찰, 화성 백곡리 1호분의 찰갑과 전 장성 만무리 출토의 횡장판정결판갑 등이 있다. 미사리유적 등 취락에서 출토된 것과 봉명동 C-10호 출토 소찰은 한성기에 해당되고, 산성과 나머지 고분출토품은 모두 웅진기 이후로 편년된다.

한성기에 해당되는 미사리 B3호의 소찰과 주월리유적 수습 삼각판 철판은 구멍의 배치 등 몇몇 속성에서 타 지역과의 차별성이 인정된다.

갑주

이는 갑주의 형식과 제작방식이 고구려, 백제, 신라, 가야에서 공유되지 않고 독자의 형식과 제작기술을 가지고 있었음을 나타내는 것이다.[54] 망이산성 출토의 횡장판정결판갑은 지산동 32호분과 옥전 28호분 등 대가야지역의 고분 출토품과 거의 동일한 형식에 해당된다. 또한 신봉동 90-B-1호분의 삼각판정결판갑 역시 김해 두곡 43호분과 함양 상백리에서 출토된 것과 거의 동일하다. 그러므로 웅진기 이후의 이러한 갑주는 가야지역의 갑주와 관련지을 수 있다.

8) 마름쇠

 무기로는 갑주 이외에 마름쇠를 들 수 있다. 마름쇠는 아군의 진지나 성 주변에 뿌려서 적의 접근과 행동반경을 제약하는 무기이다. 형태는 부소산성에서 출토된 것을 보면 4개의 뾰족한 돌기를 돌출시킨 구조이다.
 이상으로 백제지역의 철제무기에 관하여 대략적으로 살펴보았다. 백제의 철제무기는 한성기 후기 초인 5세기 전엽, 그리고 웅진기의 시작인 5세기 말에 큰 변화가 나타난다. 앞선 변화에는 고구려가 나중의 변화에는 가야(대가야)가 관련되어 있음이 유물상에서 확인할 수 있었다.

2. 기승용 마구

 기승용 마구는 승마 시 말에 갖추는 장비인데 재갈과 등자, 안장과 이들을 말에 장착하는 끈인 삼계(굴레, 가슴걸이, 후걸이)가 가장 기본적인 것이다. 이 외에도 이들을 말에 장착할 때 사용하는 각종 연결금구와 교구, 그리고 행엽 등의 장식품이 있다.

백제지역의 마구는 재갈이 먼저 출현하고 이후 재갈과 등자, 안장이 세트로 출현하는데 처음에는 재갈과 등자가 세트로 출토되고 안장은 한성기 후기에 출현한다.

1) 재갈

백제 지역에서의 재갈은 4세기 중후반대에 표비가 먼저 출현하고 곧이어 판비가 동반한다.

청주 봉명동 A-31호묘 표비는 백제지역 출토물 중 가장 고식으로 4세기 중엽으로 편년된다. 이 재갈은 두락에 연결하는 입문이 부착된 'S'자형 표비로 가야지역의 복천동 60호분 출토 표비와 유사한 형태이다. 이후 4세기 후반으로 편년되는 두정동 1구5호에서 표비와 판비, 등자가 동반 출토되는데 이조선 삽자루형인수이다. 표비의 표는 봉명동 C-43호, C-31호, B-79호, B-36호 출토 표비와 같이 4세기 후반 이후가 되면 철제에서 점차 유기질제로 대체된다. 한성기 후기의 5세기 전반이 되면 봉명동 B-79호, B-36호, 신봉동95-91호 출토 표비와 같이 긴 삽자루형인수가 등장한다. 이 단계는 인수호가 동반되는 예가 없다. 그런데 파주 주월리 수습품 중에는 'Ω'자형의 인수호가 출토되어 이 단계의 인수호의 형태를 유추할 수 있다.

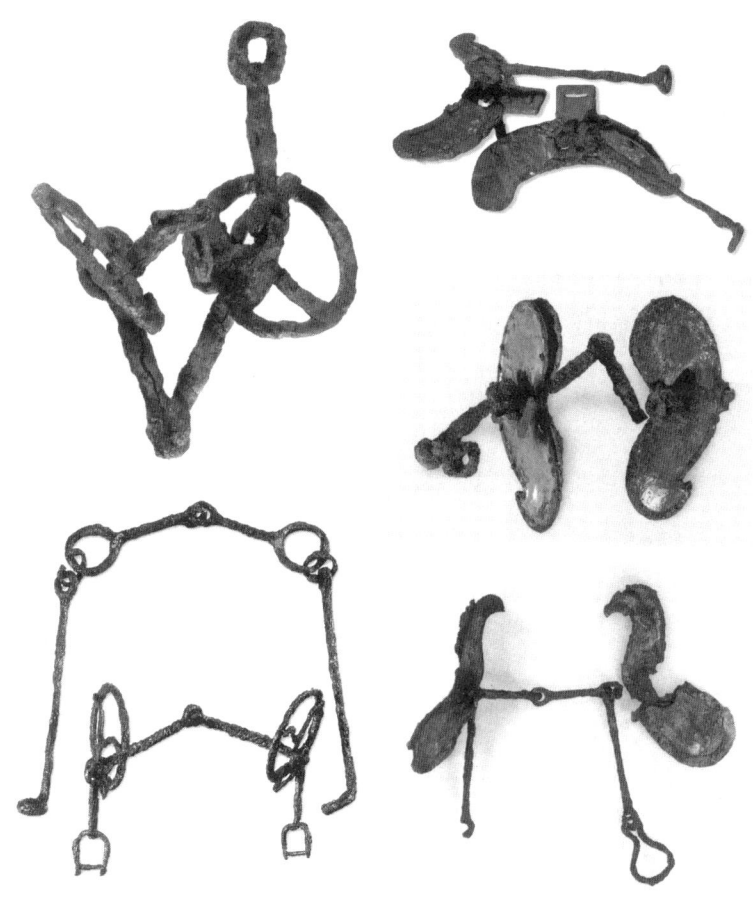

재갈

판비는 4세기 후반 이후로 편년되는 두정동 1구5호와 송대리 13호에서 출토되지만 출토량이 많지 않다. 5세기 후반 이후 웅진기로 편년되는 용원리 108호와 신봉동 92-83호 출토 판비는 입문공의 형태와, 종장방형의 구금구, 상하로 가로지른 함유금구, 유환으로 연결된 함과 인수, 표주박형 인수호 등에서 대가야지역과 깊은 관련이 상정된다.[35] 이는 용원리108호에서 함에 철사를 감고 함유금구가 '人'자상으로 변한 'ㅗ'자형경판비가 동반하며, 신봉동 82수습유물에서 'ㅗ'자형경판비가 출토된 것에서도 뒷받침된다. 한편 웅진기 이후에 출토되는 전 송산리 출토와 익산 입점리 1호분, 해남 월송리 조산고분 출토의 'f'자형판비는 가야지역과의 관련성을 더욱 강하게 시사한다. 이 이외에 원환비가 논산 모촌리에서 출토되었다.

5세기 후반 이후 재갈은 함과 인수 모두 일조선으로 변하는데 인수는 길어지고 외환이 꺾인 형태로 변한다. 그리고 대부분 유환으로 인수와 함을 연결하고 표주박형의 인수호가 동반하는 예가 많다. 또한 함평 신덕고분 출토품과 같이 3연식의 재갈도 출토된다.

2) 등자

백제지역에서는 등자가 4세기 후반에 출현하지만 윤부와 답수부의 연결금구만 출토될 뿐 원형을 알 수 없다. 5세기가 되어야만 원형을 알 수 있을 정도의 등자가 출토되는데 목심철판피륜등이 대부분이다. 등자는 대부분 재갈과 동반하여 출토되는 경우가 많다.

두정동 1구5호와 신봉동 C-9호에서 윤부와 답수부의 연결금구인 역 'T'자형금구가 출토되었는데 목심피륜등이다. 5세기 전반으로 편년되는 용원리 9호 석곽묘에서 거의 완형의 등자가 출토된다. 이 등자는 단병에 윤부가 약간 삼각형의 기미를 가지는 것으로 신라지역의 황남동 109호 4곽 출토 등자와 유사하다. 단병과 병부에서 윤부의 상반까지 연결된 보강철대에서 신라지역의 복천동 21·22

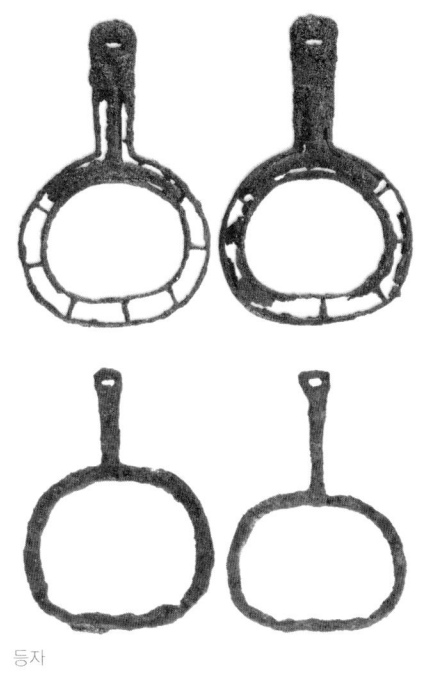

등자

분 주곽 출토품과 삼각형기미의 윤부 등은 복천동 10·11호분 부곽출토품과 유사한 속성을 가진다. 용원리 9호에서는 등자 이외에 성시구에서도 복천동 21·22호분과 동일한 형태가 출토되어 주목된다.

5세기 후반 이후에는 병부가 가늘고 길어지는 장병의 등자가 많아진다. 병부와 윤부 전체를 철판으로 피륜한 형태와 병부전체와 윤부의 상반정도만 완전 피륜하여 제작된 것이 혼재되고, 답수부 내면에 여러 개의 못을 박은 것도 확인된다. 6세기가 되면 신봉동 92-83호와 익산 입점리 출토에서 볼 수 있듯이 전체를 철봉으로 제작한 철제운등이 나타난다. 이 외에도 사비기의 나주 복암리 3호분 96석실의 예처럼 발등을 덮는 구조가 부착된 호등이 출토되기도 한다.

3) 안장

안장의 출토 예는 많지 않을 뿐더러 원형으로 출토된 것은 거의 없고 좌목선교구의 출토 등으로 그 존재를 추정해 볼 뿐이다. 용원리 1호 석곽묘에서 'U'자형의 전후 복륜이 내연금구와 좌목선교구, 교구, 세장방형 투창이 뚫린 장방형장식금구 등과 함께 출토되었다. 좌목선교구가 출토된 유구는 용원리 9호 석곽묘, 신봉동 92-80호묘, 신봉동 1호 횡형식석실묘가 있다. 이외에 부안 죽막동유적에서 금동제의 내연금구와 장식이 출토되었다.

4) 행엽

백제지역에서 출토되는 행엽은 검릉형 행엽과 심엽형 행엽이 있는데 주로 검릉형 행엽이 출토된다. 철제 행엽은 5세기에 한정되고 6세기가 되면 행엽은 금동제 내지는 철지금동, 금동판에 주연부만 철판를 댄 형태이다. 용원리 1호 석곽묘에서 철제 검릉형 행엽이 출토된다. 철제지판 위에 중앙이 투조된 철제상판(주연판)을 얹어 철제 못으로 고정하여 제작한 것으로 구금구 역시 철제로 제작된 것이다. 부안 죽막동 제사유적에서 출토된 검릉형 행엽은 지판, 상판 구분 없이 한 매의 철판으로

행엽

제작한 후 주연부에 철제원두정을 박은 것이다. 죽막동유적에서는 이 외에 심엽형 행엽이 동반된다. 심엽형 행엽은 한 매의 철판을 심엽형으로 재단한 후 역시 심엽형의 금동판을 지판의 중앙에 얹은 후 금동제 원두정으로 고정하고 지판의 주연부에는 철제의 원두정을 박은 형태이다.

5) 운주

운주는 백제지역에서 5세기부터 나타난다. 백제지역의 운주는 대부분 환형운주가 많다. 용원리 1호 석곽묘 환형운주는 꺽쇠모양의 책금구가

운주

부착된 조형금구(爪形金具)와 동반한다. 6세기가 되어도 여전히 환형운주가 주로 출토되는데 5세기대의 규형(圭形) 대신에 정방형 조형금구의 동반예가 많아진다. 6세기가 되면 반구형운주의 출토된다. 함평 신덕고분에서 출토된 반구형운주는 여러 개의 조형금구를 부착한 다각식(多脚式)으로 철지은장한 것이다.

 마구류는 이외에도 마탁과 편자가 있다. 마탁은 대부분이 청동제인데 용원리 116호묘에서 철제마탁이 출토되었다. 편자 역시 출토 예가 드문데 몽촌토성 85-2호 주거지에서 출토된 것이 있다.

 이상으로 백제지역의 마구를 살펴보았다. 백제지역의 마구는 재갈과 등장 등의 변화양상은 신라·가야지역과 크게 차이가 없이 나타난다. 특히 재갈은 초현양식과 변화양상이 가야지역과 거의 비슷하다.

3. 철제공구

철제공구는 사용하는 대상에 따라서 구분되는데 제철공구인 단야구와 농공구, 목공구로 크게 나눌 수 있으며 석제가공에 사용된 공구의 존재 가능성도 있다.

1) 단야구

단야구는 단조철기를 제작하는데 사용되는 도구이다. 분묘출토 부장품과 취락에서 출토되는 것이 있다. 전자는 무안 사창리유적의 단야구 세트와 용원리 58호묘 출토 집게가 해당되고, 후자는 풍납토성 경당지구 출토 단야구 세트와 파주 주월리 96지표수집 집게가 해당된다. 단야구는 망치와 집게, 모루, 재단용 끌, 숫돌 등이 세트를 이루는 도구이다. 그런데 출토 현황은 집게와 끌 등이 주를 이루는데 아마도 망치와 모루 등은 자연석 내지는 가공한 돌을 이용하였을 가능성이 크다.

풍납토성 경당지구와 무안 사창리유적에서 망치와 집게 재단용 끌, 가공용 끌 등이 세트로 출토되었다. 용원리 58호묘 출토유물 중에 집게와 가공용 소형 끌이 있다. 파주 주월리 96지표수집유물과 현화리 유적에서는 집게가, 석장리 제철유적에서는 재단용 끌이 출토되었다. 용인 수지유적 Ⅱ-1호주거지와 마하리 18호 석곽묘, 청원 주성리 7호묘, 봉명동 A-78호묘 출토 철착과 같이 공부가 없고 타격흔이 있는 넓은 두부를 가지며 인부에 날이 서있는 것들은 목공구보다는 철 재단용 내지는 가공용의 끌 또는 석제가공용의 끌일 가능성이 높다.

집게는 철기의 제작과 가공 시 탄불에 달구어진 철을 집는 데 이용되는 도구이다. 철봉 2개를 'S'자상으로 완만하게 처리한 후 꺾이는 부분에 못을 박아 만든 것이다. 한반도 전체

단야구

와 일본의 출토 예를 보면 길이가 긴 것과 짧은 것이 출토되는데 긴 것은 단야작업에 주로 사용되고 짧은 것은 단야작업 이외에 금속세공 등의 정밀을 요하는 작업에도 이용되었을 것이다.[36]

망치는 방주상(方住狀) 내지는 원주상(圓柱狀) 철괴 중앙에 방형의 자루구멍을 관통하여 자루를 장착한 형태이다. 단야구용 망치는 뭉툭한 타격면과 달리 뒷부분이 얇게 인부처럼 처리된 것이 있는데 이렇게 처리된 뒷부분은 끌과 같은 재단용으로도 기능을 하였을 것이다.

끌은 편인으로 처리된 단면 방형의 철봉 형태로 가공품의 재단과 가공 및 기면의 정면에 이용된 도구이다. 대형과 소형이 있는데 소형의

것은 정밀을 요하는 새김 등의 가공에 이용되었을 것이다.

2) 목공구

목공구에는 철부와 철착, 철사, 월 등이 출토된다. 이들 유물은 초기 철기시대 이래 지속적으로 출토되는 유물이다. 출현기에는 모두 주조 철기였지만 원삼국시대에 들어서면서 대부분 단조철기로 변한다.

(1) 철부

철부는 벌목용과 가공용으로 나눌 수 있는데 대형의 단조철부가 벌목용에 해당되고 소형의 철부는 가공용일 가능성이 크다. 신봉동 92-37호묘 출토의 유견철부와 동 92-72호묘 출토 철부는 얇은 신부를 가졌다. 이러한 철부는 무게가 가벼워서 가속에 의해 타격을 극대화시키는 벌목용 철부로 적합지 않다. 오히려 이와 같이 신부가 얇은 철부는 인부를 날카롭게 조정하기 쉬운 점 등으로 보아 목제의 가공용 철부로 판단된다.

철부는 출현기부터 거의 변화가 없이 장방형의 형태를 유지하며 큰 형태적 변화가 나타나지 않는다. 다만 단조제의 유견철부에 있어서는 약간의 변화를 찾아볼 수 있다. 백제지역에서 단조철부 중 가장 고식은 충북 양평리 A-2호분 출토 유견철부와 군산 조촌동 3호 주구묘 출토 유견철부이다. 이와 같은 형태의 철부는 가야지역의 김해 대성동 29호와 창원 삼동동 3호 석관, 예안리 160호분 출토 유견철부 및 중국 길림

성 만보정 242호묘 출토품과 거의 동일한 형식이다. 이들 유구는 대체로 3세기 후반으로 편년된다. 한성기 전기의 유견철부의 출토 예는 없지만 한성기 후기의 것인 신봉동 92-37호묘, 동92-102호 유견철부와 비교를 하면 견부가 축소되고 대신 신부가 길어지는 속성의 변화를 알 수 있다.

(2) 철착

철착은 공부(銎部)가 있는 유공철착(有銎鐵鑿)과 무공철착(無銎鐵鑿) 그리고 병부가 있는 것으로 나눌 수 있다.

백제지역의 원삼국시대의 철착은 대부분 유공철착이다. 그러나 4세기부터 대부분 무공철착이 출토되고 유공철착의 출토 예는 적다. 유공철착은 오산 수청동 3호묘와 청주 신봉동 92-72호묘 등에서만 볼 수 있을 뿐이다. 대신 한성기 전기의 유적인 청주 봉명동유적과 한성기 후기의 신봉동유적 분묘에서 많은 수의 무공식철착이 출토된다. 이것으로 볼 때 백제지역에서는 무공식철착이 주로 사용된 것으로 볼 수 있다. 이러한 무공식철착은 제작이 간편하고 때에 따라서는 철소재로 대용할 수 있는 다목적 이기(利器)로 추정된다. 이 이외에 무공식이지만 크기가 작고 병부로 볼 수 있는 목제가 잔존하는 소형 철착이 있는데 신봉동 90B2차-21호묘와 청당동 14호 주구목관묘 출토 철착이 이에 해당된다.

한편 무공식철착 중에서 인부가 뭉툭하거나 양인을 가진 것은 끌보다는 쐐기일 가능성이 크다. 또한 선술한 바와 같이 타격 등에 의해 넓은 두부를 가지는 것은 철 재단 내지는 철 가공용의 끌로 볼 수 있다.

(3) 철사

철사(鐵鉈)는 목제를 가공하는 조각도와 같은 기능을 가진 도구이다. 백제지역에서는 많이 출토되지 않는데 일반적으로 단면이 오목한 철사가 아니라 양인을 가진 삭도의 형태를 가진다. 신봉동 92-93호묘와 동 92-102호 출토 철사가 이에 해당된다. 형태는 단면 삼각형의 신부를 가지며 인부는 편인으로 양쪽에 형성되어 있으며 봉부는 휘어져 있는 경우도 있고 병부에는 목질흔이 잔존한다. 외형상으로 볼 때는 대형 철촉과도 유사하다.

위의 목공구 외에도 도자 등도 목제 가공에 이용되었을 것이다. 또한 톱이 대표적 목공구지만 거의 출토되지 않는데 앞으로 출토가 기대된다.

(4) '凹' 자형 삭도(削刀)

'凹' 자형 삭도(削刀)는 삼칼 내지는 월(鉞)로도 불리는데 요자상(凹字狀) 평면형태로 돌출부에 목질이 횡으로 잔존하며 반대쪽에 인부가 형성된 것이다. 목질이 잔존하는 부분이 손잡이 쪽일 가능성이 있는데 목질의 방향으로 볼 때 손잡이는 횡방향이며 양쪽으로 돌출되었을 것이다.

양손으로 손잡이를 잡고 밀면서 나무의 껍질을 벗기는 등 목제를 깎는 기능을 하였을 것이다. 분묘는 청주 신봉동 90B-13호, 동 A-33·20·36호 등에서 출토되었고, 취락에서는 미사리유적 숭실대 B4호 주거지, 동 B18호 저장공에서 출토된 것이 있다.

3) 농공구

철제농구에는 땅을 갈아 일으키는 기경구(起耕具)인 삽날, 따비, 호미, 괭이, 살포 및 수확구인 철겸이 있다.

(1) 삽날

백제지역에서는 삽날의 출토 예가 많지 않다. 중원 하천리 1호 주거지, 몽촌토성 88-2호 주거지, 석촌동 3호 토광묘 출토품과 풍납토성 경당지구, 청주 신봉동 채집품이 있다.

석촌동유적에서는 3호 토광묘와 주변에서 2점 총 3점이 출토되었다. 이 삽날은 '凹'자형으로 홈이 없고, 양쪽에 돌출된 귀부분이 짧다. 이와 같은 형태는 낙랑유적인 토성동 출토품과 비슷하다. 하천리 1호 주거지 출토품은 'U'자형이지만 양쪽 귀부분이 외경하여 'V'상의 기미가 있고, 인부에는 홈이 없다. 인부에 홈이 없는 것을 제외한 평면형태로 볼 때 신라지역 고분 출토품 중에서 이와 유사한 형태의 것이 많다. 몽촌토성 88-2호와 풍납토성 출토품은 완전한 'U'자상이며 몽촌토성의 것은 인부의 폭이 큰 것에서 고구려유적인 서울 구의동 보루와 아차

삽날

산 4보루 출토품 및 낙랑유적인 봉산 양동리 5호분 출토품과 유사한 형태이다. 신봉동 채집품은 절반 정도만 잔존하는데 'U'자상으로 복원되며 인부와 귀부분의 폭이 비슷하고 귀 부분과 인부에 모두 홈이 있는 것에서 신라지역 고분 출토품과 유사하다.

 이상에서 백제지역에서 출토된 삽날은 한강하류역의 것은 낙랑과 고구려의 것과 한강상류와 금강유역의 것은 신라지역의 것과 관련지을 수 있다.

 (2) 따비

 백제지역에서는 따비가 많이 출토되지 않는다. 그리고 기존에 철부로 보고된 것 중 신부가 얇고 종으로 긴 세장방형에 공부가 완전히 단접되지 않은 것은 따비로 볼 수 있다.

백제지역에서 출토된 따비는 분강·저석유적(汾江·楮石遺蹟) 12호 석곽묘, 신봉동 90A-41·7호묘, 동 90B2차-24호묘, 동 92-51·84호묘, 천안 용원리 19·97·109·133호묘 등에서 출토되었다. 백제지역에서 출토된 따비는 신라·가야지역에서 출토되는 것과는 형태적으로 차이가 있다. 신라·가야지역 출토품이 신부와 공부의 경계부분이 꺾여 종단면이 '〈'상을 띠는 것에 반해 백제의 것은 거의 일자형이다.

(3) 호미

호미는 짧은 자루를 끼워 앉거나 엎드린 자세로 땅을 긁는 기능으로 제작된 것으로 흙을 북돋우거나 잡초를 제거하는 도구다.

호미의 형태는 유견철부와도 유사하다. 그러나 신부가 얇고 길이에 비해 폭이 넓으며, 공부단접부가 신부에서 연결되지 않고 신부에서 일부 재단한 후 말아 올려 제작한 점에서 차이가 있다.

호미

몽촌토성 88-2호 주거지, 청주 신봉동 90A-4호, 동 90B-1호, 동 92-51호, 서천 조석리95-9호묘, 천안 용원리 72·119·121호 출토품이 있다.

(4) 괭이

괭이는 긴 자루를 장착하여 흙을 일구는 것으로 형태는 호미와 비슷하다. 그러나 호미보다 크고 신부가 두꺼우며, 공부단접부가 신부에서 연결되어 있다. 이는 긴 자루를 장착하여 두 손으로 잡고 휘둘러 찍어서 땅을 일구는 도구이므로 철부와 마찬가지로 공부에 많은 힘이 가해지기 때문이다. 파주 주월리 97-12호 주거지, 88몽촌토성 방형유구, 서산 명지리 B호 토광묘, 만동 9·11호 주구묘에서 출토되었다.

한편 단면제형주조철부를 괭이로 보는 견해도 있지만 앞서 언급하였듯이 괭이는 종으로 휘두르는 가속으로 흙을 찍어 내어 파는 것으로 본체에 많은 충격이 가해지는 것이다. 따라서 인성이 약한 주조철기는 파손되기 쉬워 괭이로 사용하기 곤란할 것이다. 단면제형철부는 자루를 직각으로 장착하기보다는 따비와 삽처럼 직선적으로 자루를 장착하여 파는 형태의 굴지구로 보는 것이 보다 타당하다.

(5) 살포

살포는 신부의 형태는 호미와 유사하지만 가늘고 긴 공부가 달려있다. 공부의 형태로 볼 때 철모 등과 같이 가늘고 긴 자루를 장착한 것으로 볼 수 있다. 용도는 논의 물꼬를 헐거나 막는데 사용된 도구이다.

살포는 주로 5세기 후반 이후에 출토된다. 백제지역에서는 청주 신봉동 90A-4호묘, 청원 주성리 7호 토광묘, 천안 용원리 1호 석곽묘 등에서 출토되었다.

이외에 기경구로 쇠스랑이 있지만 백제지역에서는 거의 출토되지 않는데 서산 명지리 A호 토광묘에서 출토된 예가 있다.

(6) 철겸

철겸은 일반적으로 수확구로 알려져 있다. 그러나 실제로는 땔감용의 잡목과 가지를 치거나 나무의 껍질 등을

실모

벗기고 다듬는 등 여러 가지 용도로 사용된 도구이다. 길이와 폭에 의해 대·중·소로 구분하기도 하고, 인부의 형태에 따라 직선적인 직인과 끝부분이 인부 쪽으로 만곡한 곡인으로 분류하여 각각 기능에 따른 차이로 보는 견해가 있다.[47] 겸이 절단의 기능을 주목적으로 하므로 인부가 내만하는 곡인을 가진 겸이 더욱 효율적일 것이다. 따라서 반드시 이렇게 구분되지는 않았겠지만 작물과 잡목 등을 베는 용도로는 곡인겸이 사용되고, 나무의 껍질을 벗기거나 가공하는 데에는 직인 겸이 주로 사용되었을 것으로 추정된다.

백제지역에서는 청주 신봉동유적과 천안 용원리유적 등의 고분유적에서 대부분이 출토된다. 이외에 부소산성 등에서도 출토되기도 한다.

이상 백제의 철기를 기능에 따라서 분류하여 살펴보았다. 백제지역의 철기는 신라·가야지역에 비하면 그 출토 양이 아주 적다. 이는 한정된 철기의 생산에 비해서 많은 소비를 필요로 하는 당시의 시대상황의 반영에 따른 결과로 볼 수 있다. 백제지역에서는 무기류 중심의 철기부장에서 이후 마구, 갑주 등의 부장과 함께 농공구 등 공구류의 부장비율이 증가하는 것도 확인할 수 있었다. 또한 출토된 철기는 형태와 변화양상 등에서 일부 부분적인 차이는 간취되지만 전체적으로 보면 신라·가야지역과 거의 동일한 패턴으로 변화, 발전되는 것을 알 수 있었다. 특히 환두대도와 마구, 갑주 등은 가야지역과의 유사성이 강하다. 이는 당시의 시대상황과도 일맥상통하는 현상으로 볼 수 있다.

백제의 공방과 금은동제작기술

　백제의 각종 유적에서는 철기 외에도 그들의 신분적 위상을 보여주는 유물로서 금동제, 금제 등 각종의 금속용기와 제품이 많이 출토된다. 이러한 화려한 장식을 한 금속제품은 초기에는 무덤 등의 부장품으로 제작되지만 백제의 불교가 왕성하게 발전되면서 불상 등과 같은 불교 공예품의 제작이 활발하게 진행된다.

　이와 관련하여 그간 금속유물의 제작에 많은 의문들이 있어 왔으나 최근 발굴조사결과 백제의 주요사찰이나 건물지에서 이런 금속유물을 제작하는 유구 즉 금속공방이 확인되면서 그 실제에 접근할 수 있게 되었다. 또한 이러한 금속유물에 대한 고고학적인 접근뿐만 아니라 제작과정을 알 수 있는 유물의 출토로 인해 자연과학적인 연구결과도 계속해서 발표되어 고대 백제의 과학기술의 복원에 좋은 자료로 활용되고 있다.

　여기에서는 철을 제외한 각종의 비철금속의 생산과 관련된 유적과 유물에 대해 알아보고자 한다.

1. 백제의 공방지

백제지역에서는 최근의 조사를 통해 익산왕궁리유적, 부여관북리 유적, 부여 능사유적, 미륵사지 등에서 공방유적이 확인된다. 이들 유적에서는 단순한 한 가지의 제작이 아닌 복합적인 유물의 생산이 행해졌음을 알 수 있다. 즉 청동, 금동, 금, 유리, 철 등 각종의 제품이 소위 공방이라는 직접생산공정이 체계화된 상태에서 일관성을 가지고 제작되었음을 알 수 있다.

1) 부여 능산리사지

부여 능산리사지(사적 제434호)는 충청남도 부여군 부여읍 능산리 산 15-1번지에 위치하는 백제시대 절터유적이다.

1992년부터 2007년까지 국립부여문화재연구소와 한국전통문화학교가 총 10차례에 걸친 발굴조사를 실시하였다. 발굴조사 결과, 능산리사지는 중문 · 목탑 · 금당 · 강당이 남북 일직선상인 일탑일금당(一塔一金堂)의 전형적인 백제 가람양식임이 밝혀졌다. 1993년도에는 건물지 서쪽 구덩이에서 백제금동대향로(국보 제287호)가 출토되면서 백제의 수준높은 금속기술이 알려지게 되었고, 이와 함께 목탑터에서 출토된 백제창왕명석조사리감(국보 제288호)은 사찰의 창건연대가 백제 위덕왕 14년(567년)임을 밝히는 자료를 제공하였다.

유적에서는 대형건물지, 공방 및 폐기장, 승방, 우물, 집수시설 등이

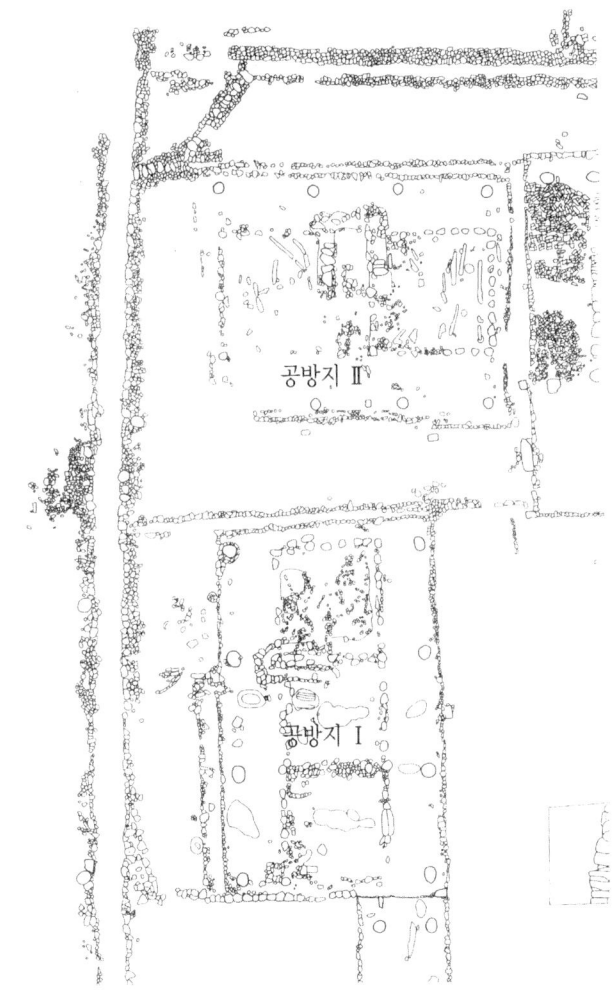

능사 공방지

능산리사지

확인되었으며 연화문수막새, 백제토기, 등잔, 철제 화살촉, 철제 대못, 옥황(玉璜) 등이 출토되었다. 특히 2007년도의 조사에서는 생산시설 혹은 폐기장으로 추정되는 곳에서 가공흔적이 있는 석재·목재·철 덩어리가 확인된 점과 건물지(3호 건물지 명명) 서쪽 도랑에서 철제 화살촉이 출토되면서 백제시대 철기제작과 관련된 중요한 자료를 제공하고 있다.

이 유적에서는 능사 건물지의 서북편 쪽에 2개소의 공방지가 확인되었다.

제 3건물지에서는 내부에서 소토와 재로 이루어진 층이 확인되는데 3

개로 구성된 공간 중 가운데 방에서 굴뚝시설, 저수시설그리고 유리,동 파편 등이 출토되었다. 제 3건물지에 연이은 제 4건물지는 2개의 공간으로 구성되었으며, 이 중 서쪽의 방에서 철제모루, 숫돌등 단야공구과 함께 금동장식판, 화형장식,금동광배 등이 출토되어 이곳에서 직접 쇠와 각종의 금동장식을 제작한 공방임을 확인하였다. 특히 여기에서 출토되는 유물의 구성이 대부분 불교금속공예품이 중심이 된 것으로 보아 사찰내에서 직접 공방을 운영하여 종교장식구 등을 생산하였음을 알 수 있고, 백제의 국가경영 수공업생산이 이원적으로 운영된 것으로 본다.

2) 익산 왕궁리유적

익산 왕궁리유적(사적 제408호)은 전라북도 익산시 왕궁면 왕궁리에 위치하는 백제시대 최대의 유적이다. 1989년~2007년까지 국립부여문화재연구소가 19차에 걸친 발굴조사를 실시하였으며 조사결과, 석축유구와 건물지 등 백제시대부터 통일신라시대에 이르는 다양한 시설물과 3,000여점의 유물이 확인되었다.

대규모 궁성을 둘러싼 석축성벽은 남북 492m, 동서 234m의 규모이며 지하에서 문지, 수구, 암거, 포석시설 등이 확인되었다. 또한 궁성 내에는 대형 전각 및 와적기단 건물지, 회랑, 정원, 우물지, 배수로, 공방지, 기와요지, 도로, 화장실 등 각종 부대시설이 확인되고 있어 궁성 내부의 공간배치와 활용방식에 대한 자료를 제공해준다. 출토유물은

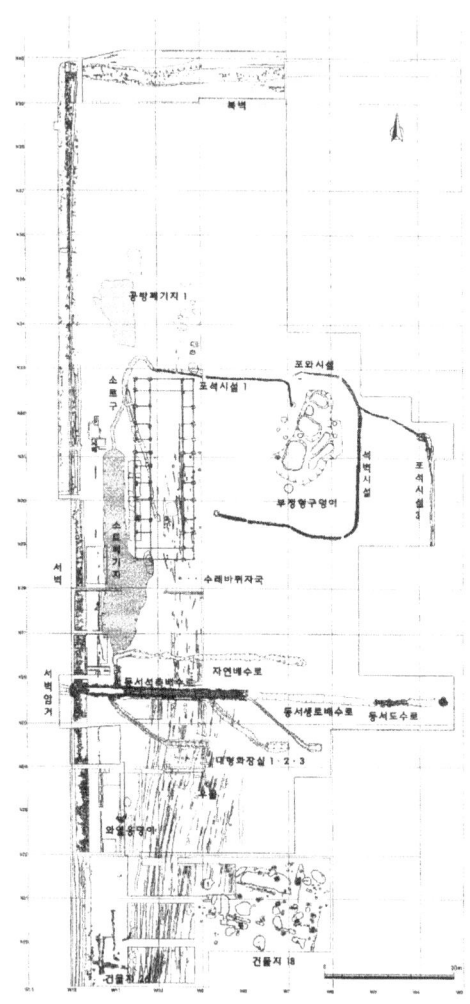

왕궁리 공방 도면

수부(首府)·전부갑와(前部甲瓦)·전부을와(前部乙瓦)·대관사(大官寺)·관궁사(官宮寺) 등의 인장기와와 각종 기와류, 대형항아리·전 달린 토기·바리·시루·미력사(彌力寺)명 뚜껑 등의 백제토기, 유리구슬, 달개, 유리·금속 도가니, 중국제 청자 등이 있다. 이들 중 공방 폐기장에서 확인된 다량의 도가니는 궁성 내에서 대규모로 자체 생산했음을 보여준다. 왕궁리유적에서 확인된 공방관련유적은 전체 유적의 서북편에서 공방폐기지와 소토유구, 소토 폐기처가 확인되며 유적의 중심지인 강당지 하부에서 부정형의 유구가 그리고 동서 석축에서 가마터가 확인되었다.

 공방폐기지의 소토부내에서는 공방의 잔해물인 각종의 도가니편과 목탄, 금속 슬래그 등이 확인되어 생산관련된 행위를 추측할 수 있지만 유구는 확인되지 않아 사용후 폐기된 곳으로 추정된다. 또한 인근의 소토구는 길이 77m, 폭 50~160㎝ 정도의 긴띠상의 구의 내부에는 도가니, 와편, 유리편, 금편등 공방관련유물과 실용기들이 함께 폐기되어 있다. 또한 소토폐기처는 길이 21m, 폭 8~10m 정도의 규모이다. 그 대부에서는 각종의 도가니와 금실, 금못, 등의 유물과 목탄, 금속슬래그 등이 출토되었다.

 강당지 하부에서 폭 3m 정도의 부정형의 소토 유구가 확인되었는데 내부에서는 벽체편이 출토되었고 그 주위로 남색판유리, 유리구슬편, 방형철판, 철정편, 도가니 편, 철정 8매 등이 출토되어 유리와 금속제품을 생산한 유구로 추정한다.

한편 동서 석축 4지점에서는 가마터가 조사되었는데 번조실과 연소실로 구성된 형태로 여기에서는 백제기와편과 함께 완형의 청동도가니가 10여점 출토되어 공방시설과 함께 사용되는 각종의 토제품제작을 위한 별도의 가마시설이 있었음을 알 수 있는데 이는 곧 생산시스템에서 효율적인체계를 갖춘모습으로 볼 수 있다.

공방과 관련된 유물로는 동도가니, 황동도가니 뚜껑, 토제용범, 송풍관, 숫돌, 노벽체편, 슬래그, 그리고 기타 금속물 등이 출토되었는데 특히 왕궁리사지에서 출토된 공방관련유적은 주로 동생산과 관련된 유물들로서 백제의 동제작공정을 알 수 있는 좋은 자료이다. 동의 제작에 대해서는 후술하고자 한다.

3) 부여 관북리유적

부여 관북리유적(사적 제428호)은 백제 사비기(538~660년)의 왕궁터 혹은 관련시설로 추정되는 유적이다. 1982년~1992년까지 7차에 걸쳐 실시된 충남대학교 박물관의 발굴조사에서는 백제시대의 연못을 비롯하여 도로, 하수도, 건물터 등이 발견되어 이 일대가 백제 사비시대 왕궁지였을 가능성을 높여주었다.

이어 국립부여문화재연구소에서 실시한 2001년~2007년의 8~12차 발굴조사에서는 연못과 관련된 목주열(木柱列), 사비기 성토대지 및 석렬, 금·은·동·철 등 귀금속을 만들었던 공방(工房), 전각으로 추정되는 대형 기와건물지, 곡물이나 과일 등을 저장했던 석곽·목곽 등의

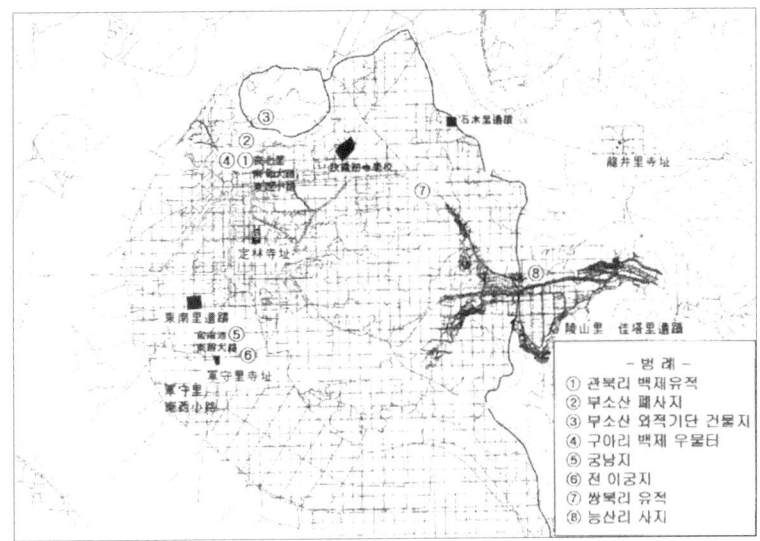

부여 사비도성 공방

저장시설, 수혈주거지, 수조 및 도수관로와 같은 상하수도 관련 유구, 도로 등 백제 사비왕궁의 구획 및 도로체계를 복원할 수 있는 유구들이 새롭게 확인되었다.

유적에서는 사람의 얼굴이 그려진 토기, 수부(首府)·하부을와(下部乙瓦)·전부을와(前府乙瓦) 등의 인장기와, 연화문수막새, 호자·그릇받침·합(合)명 바리 등의 백제토기, 관(官)명이 새겨진 도가니, 금동불, 목간, 대나무 자, 짚신, 각종 과일 씨앗 등 다양한 유물이 출토되었다. 관북리 유적의 '나' 지구에서 작은 노 9기와 공방에서 나온 폐기물을 버

린 폐기소 2개의 수혈 등이 조사되었다. 유구의 주변과 수혈내에서는 각종의 토제품과 함께 공방과 관련된 각종 도가니, 슬래그 등이 출토되어 제품생산을 위한 공방이 존재하였음을 확인하였다. 특히 출토된 도가니중 관자가 찍힌 토제품이 출토되어 이 시설이 관에서 직접운영한 시설임을 알 수 있다. 많은 유물이 출토되었지만 특히 여기에서는 금과 관련된 도가니 등이 출토되고 앞서 언급한 명문에서 금 알갱이가 부착된 것으로 보아 금의 제련, 제작을 알 수 있고 보고서 정리과정에서 출토된 유물에 대한 과학적인 분석결과 금, 은, 구리, 철의 제련, 용해 제작공정이 있었음이 확인되었다. 구체적인 내용은 후술한다.

4) 미륵사지유적

미륵사지(사적 제150호)는 전라북도 익산시 금마면 기양리에 위치하는 백제 최대규모의 사찰유적이다. 『삼국유사』의 기록을 토대로 백제 무왕(武王)대에 조영되었다가 17세기 강후진(康候晉)이 편찬한 『와유록(臥游錄)』을 통해 조선시대에 폐사되었음을 알 수 있다.

미륵사지는 1974년~1996년까지 실시된 발굴조사에서 백제에 만들기 시작하여 통일신라시대에 완성되었음을 알 수 있었다. 절의 배치는 중앙의 목탑을 중심으로 동·서에 석탑이 위치하고 이 탑들 뒤에 독립된 금당과 이를 구분하는 회랑이 각각 존재하는 삼원식(三阮式) 가람형태를 하고 있다. 이외 강당지, 승방지, 수로, 연못 등이 확인되었다. 사지에서는 백제시대에서 조선시대에 이르는 암·수막새, 인장기와, 명문

기와, 녹유연목와(綠釉橡木瓦) 등을 비롯하여 토기, 금속, 목재, 고려청자, 중국청자, 소조불상의 나발, 금동제여래입상 등 6,500여점의 유물이 출토되었다. 미륵사지에서는 생산유적으로 공방터와 기와가마터가 확인되는데 이 중 공방터는 미륵사지 초기부터 사용한 것과 이후 통일신라시대 때 사용한 2개로 나뉜다. 백제시대의 것으로는 이미 사찰 창건시기에 서북편지역에 일정시설을 설치하고 물품을 공급한 것으로 추정한다. 초기의 공방은 북승방지 서북외측에서 확인되는데 대형의 철제모루와 기타 도가니편, 뚜껑 등이 출토된 것으로 보아 철기제작은 물론 기타 금속제품을 생산한 것으로 본다. 이후 조사에서도 도가니는 20편 이상 조사되었는데, 이 중 10여점이 초기의 공방터에서 추가로 출토

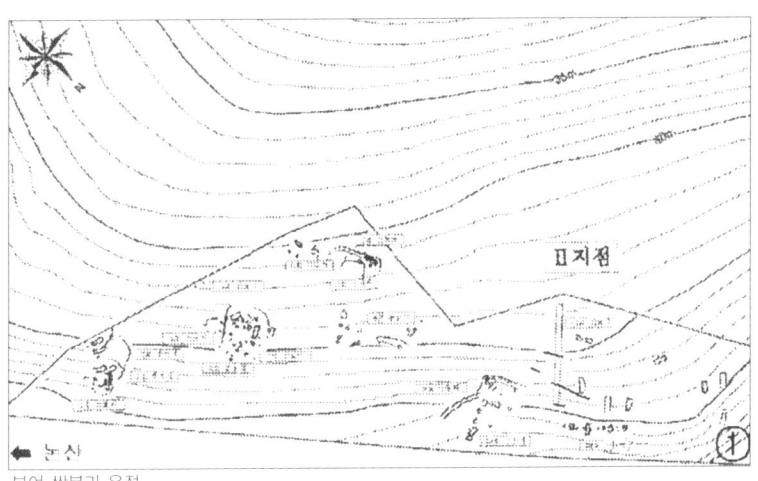

부여 쌍북리 유적

되어 특수공정을 요하는 제품외에는 이곳에서 직접 금속유물을 제작하여 자체 공급시스템을 운영하였음을 알 수 있다.

이외에도 부여 쌍북리 유적에서는 건물지 7·11호에서 유리, 동 도가니가 출토되어 공방이 있었음을 알 수 있고 부소산 폐사지와 천왕사지에서도 공방은 확인되지 않았지만 도가니가 출토되였으며, 부여의 이궁지와 궁남지에서도 동을 만드는 도가니, 부여 가탑리, 구앙리우물지 등에서는 용범이 출토되어 부여일대에서는 사비시대 주요관아, 사원을 중심으로 다양하게 공방이 운영되었음을 볼 수 있다.

2. 공방관련유물

백제의 공방에서는 많은 소재의 금속을 다루었기 때문에 각종공정에 따른 다양한 유물이 출토된다. 즉 기본적으로 금속은 원재료를 녹여 사용하기 때문에 금속의 원료가 되는 원석 또는 제작소재를 비롯하여 제련과 용해를 위한 도가니, 용범과 송풍을 위한 송풍구 그리고 배출되는 각종의 슬래그 등을 들 수 있다. 또한 제작공정에서의 두드리거나 투조, 음각, 상감 등의 다양한 테크닉을 위한 각종의 제작도구들이 출토되며 이 공정에서 나오는 반제품, 실패품, 파손품, 폐기품이 출토되며 이외에도 열을 이용하는 작업인관계로 그 연료가 되는 숯 등이 출토된다. 여기에서는 공방에서 출토되는 각종 다양한 형태의 유물의 내용을 알아보고 그것이 가진 의미을 찾아본다.

1) 도가니

공방유적에서 가장 많이 출토되는 유물이 도가니이다. 도가니는 고체인 광석 또는 채취된 광물을 끓이는 용구로서 금, 동 등의 제작에서는 가장 기본적인 것이다.

현재까지 출토된 도가니는 그 제작물에 따라 동, 금 등의 금속 제작용 도가니와 유리제작용 도가니로 나눌수 있다.[1]

부여 관북리 '관' 새김 도가니

(1) 동 도가니

동도가니는 대체로 포탄형의 몸체에 양쪽에 주구가 달린 특징이 있다. 크기는 일정하지 않으며 그 제작제품에 따라 가변적이지만 대체로 10㎝ 내외가 주류를 이룬다. 바닥은 둥근 바닥이지만 형태에 따라 3종류로 구분되며 주구의 형태에 따라 세분된다.[2] 동은 주석, 납, 아연의 함유여부에 따라 순동, 청동, 황동으로 구분되는데 도가니 역시 성분의 함유여부에 따라 구분한다.

(2) 금 도가니

금도가니는 금의 양이 적기 때문에 도가니의 형태도 대부분 5cm 이하의 크기이다. 형태에 있어 대부분이 원추형 또는 편편한 바닥인 반면 절구형의 도가니는 일본 비조사유적에서 출토되는데 관북리에서 동일한 형태가 출토된 바 있어 주목된다.

금도가니는 내부에 유리질화된 것이 대부분이며 간혹 금알갱이도 확인된다.

한편 관북리에서는 석제 도가니

익산 왕궁리 금도가니

부여 쌍북리 도가니

금도가니					은도가니					
1a형	1b형	2형	3형	4형	1a형	1b형	2a ㄱ형	2a ㄴ형	2b형	3형

왕궁리 유적

가 확인되었는데 분석결과 은 1.0%의 합금도가니로 확인되어 백제시대 여러 가지 합금기술이 발달했음을 보여준다.

2) 용범

공방에서 제작되는 금속유물은 대부분 금은동으로 이는 대부분 용융된 상태의 주물을 얻어 이를 거푸집에 부어 기본적인 형태나 제작소재로 이용된다. 따라서 용범은 어떠한 제품을 생산하였는 지를 직접 알

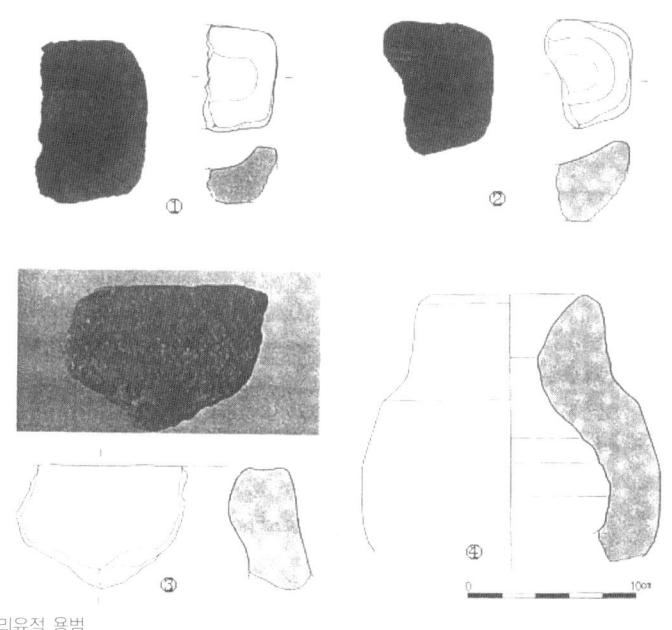

왕궁리유적 용범

수 있는 중요자료이다. 동의 경우 대부분 청동용기를 만드는 용범이 많이 출토되는데 신라지역의 경주 황성동유적, 동천동 유적 등 경주일대의 주요건물지의 공방에서 대량 출토되고 있다. 이에 반해 백제지역에서는 공방지에서 도가니의 출토가 많아 대부분 주조를 하였음에도 불구하고 거푸집[용범]의 출토 예가 매우 드물어 익산 왕궁리에서 출토된 몇 예와 부여 구아리와 가탑리에서 출토된 거푸집이 유일하다. 왕궁리에서 출토

부여 구아리 출토 일근새김 거푸집

된 거푸집은 길이 5~6㎝ 정도의 장방형판에 깊이 1.5㎝의 타원상의 홈이 있는 것과 병의 거푸집으로 추정되는 거푸집이 출토되었는데 전자의 용도는 알 수 없다. 이에 비해 구아리에서 출토된 거푸집은 장방형의 것으로 내부에 '1斤'이라는 명문이 찍혀져 있다. 이 거푸집의 부피값을 계산하고 1斤을 중국남조의 값으로 비교한 결과 이 거푸집은 은을 주조한 것으로 규명되었다. 따라서 앞서 왕궁리의 장방형용범도 이러한 금속판을 만드는 것임을 추정할 수 있다.

3) 송풍구

공방내의 대부분의 작업은 열을 이용한다. 이 열은 주로 숯을 이용하는데 금속제련, 용해에서 열을 가하여 일정온도까지 올리고 또 그것을 계속 유지시켜주는 기술이 무엇보다 중요한 기술이며 그것은 바로 송풍기술로 연결된다. 송풍은 바람을 일어키는 송풍시설과 직접 공기를 주입시키는 송풍구, 또는 송풍관으로 구성되는데 송풍시설은 대부분 목재나 유기질을 이용하기 때문에 남아있는 경우가 없으며 송풍구는 공방내에서 주로 출토된다. 그러나 이 역시 그 출토예가 매우 적은데 익산 왕궁리에서 1점 출토되었을 뿐이다. 이 유물은 나팔형태로 벌어진 토제품으로 형태를 보아 송풍구로 사용된 것으로 추정되나 일부 결실되어 완전한 형태는 알 수 없다.

4) 원료

공방내 금은동 등의 작업을 위해서는 그 원료가 되는 광석 또는 제작소재가 필요하다. 익산왕궁리유적에서는 공방지에서 각종의 금속덩이가 출토되어 이의 자연과학적 분석결과 매우 다양한 형태의 제작소재가 있었음을 알 수 있었고 또한 어떠한 제품을 생산하였는지도 확인가능하게 되었다. 출토된 금속덩이는 순동과 주석, 주석함량이 높은 청동덩어리, 금을 포함한 청동덩어리 등이다. 이로써 공방지내에서는 동과 주석의 제련이 이루어졌음을 알 수 있고 특히 금아말감, 금은아말감 덩어리가 확인되어 아말감을 이용한 금동제품이 제작되었음을 알 수 있

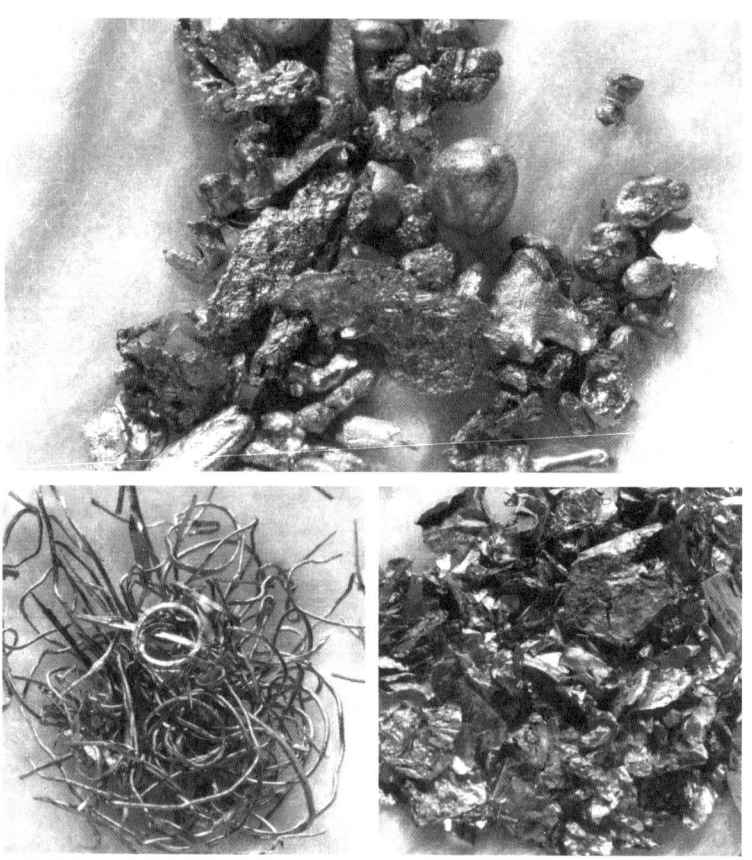

익산 왕궁리 금 소재

다.

5) 슬래그

금속기의 생산에서 원석을 제련하면 불순물인 슬래그가 추출되며 대부분 공방의 바닥이나 폐기장에 폐기된 상태로 출토된다. 이 슬래그는 철의 경우은 많은 양이 나오지만 금·동의 제련에서는 그 양이 미미하다. 현재까지 동의 제련 또는 용해과정에서 나오는 슬래그만이 보고되어 있을 뿐이다. 익산 왕궁리유적에서 동슬래그가 출토되었는데 역시 공방폐기지, 소토더미 등에서 출토되었다. 슬래그는 단독으로 굳어져 덩이리 상태로 출토되거나 토기나 석재에 부착되어 출토된다. 크기는 2~3cm 정도이며 슬래그의 성분에 따라 여러 가지 색상을 띤다. 제련,

부여 관북리 슬래그

부여 능산리 슬래그

용해 당시의 기포가 많으며 겉면이 유리질화된 것도 많다. 이 슬래그는 현재는 알 수 없는 당시의 제련기술을 복원할 수 있는 유일한 단서이다. 즉 슬래그의 자연과학적 분석을 통해 제련한 광석의 원료을 알 수 있를 뿐아니라 합금의 여부 그리고 생성온도 등을 복원해 낼 수 있는 중요한 자료이다.

6) 기타 공방내 출토유물

공방내에서는 이상 언급한 내용 이외에 공방의 작업도구로서 각종의 철제 공구류가 출토된다. 능산리사지의 공방에서는 단조철부, 소형 절구공이, 숫돌과 함께 철제모루가 출토되었는데 각종의 주조, 단조, 투조, 기술에 필요한 도구는 더 있었을 것으로 본다.

7) 공방내 출토유물을 통해본 생산품

백제의 여러 공방유적에서는 생산과 관련한 유물외에 직접 제작한 제품, 제작 중 실패품, 제작도중의 반제품 등이 다량 출토되었다. 이를 정리한 결과가 있어 주목된다.[3]

부여 능사리 철제모루

백제의 대표적인 공방유적지인 능산리사지와 왕궁리유적의 공방내 출토유물을 비교한 결과 두 유적 산에는 생산품에 있어 주력물품에 차이가 보인다. 왕궁리유적에서는 금제품과 유리제품이 다수를 차지한 반면 능산리사지에서 이보다 청동제품, 금동제품이 주로 제작된 것으로 나타났다. 즉 백제지역내에서 지역에 따른 생산물의 분업화가 이루어졌으며 또한 기술의 난이도 등에 따른 생산품차이, 원료공급에 따른 생산품의 차이가 보이고 있다.

3. 금속공예품(동, 금동, 금 등)의 제작기술

1) 원료의 공급

 금속공예품의 제작을 위해서는 우선적으로 그 원료가 되는 광석산지의 확보가 필요하다. 금은동 등의 원료는 1958년에 발간된 상공부광무국-충남전북편에 따르면 익산웅포, 김제금산 금구면일대는 관련광산과 사금채취기록이 있어 익산을 중심으로한 원료공급이 원활한 곳이었기 때문에 왕궁리유적에서 쉽게 구할 수 있었던 것으로 추정하지만 직접 연결에는 의문이 있다.

 금의 경우 삼국유사 백제무왕대 금에 대한 기록이 나오는데 여기에서 표현된 것으로 추정하면 고대 금광의 확인되었다기보다는 지면을 파서 흙을 채취하고 이를 흙, 모래에 섞인 금을 걸러내어 사금형태로 금을 취한 것으로 추정한다.

 은은 자연은이 많기 때문에 은광산에 대한 기록은 많지 않지만 『고려사』, 지리지 등에 고려시대 은을 제련한 은소(銀所)가 13개소 있다는 기록과 이 중 충청도지역에 은소가 5곳이 있다는 기록을 통해 백제시대에 이 지역을 중심으로 은 광업이 발달했을 가능성이 있어 보인다. 특히 백제지역에서 무령왕릉 등에서 보이는 각종의 은제품이 많은 것을 보면 당시 채광을 통해서든지 아니면 자연은을 구하는 지식을 갖추고 있음을 알 수 있다.

 동은 세종실록지리지에 보면 충청지역에 9개소(연기, 공주, 연산, 진잡, 대산, 대흥, 청양, 음성, 영동)에서 전라도 7개소로 백제지역에 집중되어있음을 알 수 있다.

그러나 고대의 광산에 대한 조사가 전무하여 그내용을 파악하기는 어렵다. 또한 자체적인 채광과정을 통해 얻을 수도 있지만 고대 교역을 통한 원료의 수입이 가능하기 때문에 이에 대해서는 차후 자료의 증가를 기달릴 뿐이다.

2) 금속생산 기술

최근의 조사성과에 의하면, 백제시대의 금속생산에 관한 자료는 전북 익산지역의 대규모 궁성유적과 사찰유적에서 확인되고 있다. 여기에서 확인되는 각종 도가니와 다양한 금속제품들은 유적 내에서 자체적인 금속생산이 가능했고 고도로 발전된 생산기술을 갖고 있었음을 잘 보여준다. 특히 왕궁리유적과 관북리유적에서는 금과 동을 전문적으로 제련·가공했던 공방지가 확인되었는데, 이러한 생산기술이 일본의 아스카 이케유적(飛鳥池遺蹟)에 영향을 준 사실이 확인되면서 백제의 금속생산기술에 대한 연구는 삼국시대 금속생산 기술뿐만 아니라 점차 한일 간의 문화교류에 있어서도 중요한 위치를 차지하고 있다고 할 수 있다.

(1) 금 생산기술

금·은·동 등은 이름다운 광택과 희귀성, 잘 변하지 않는 특성으로 인해 인류가 가장 선호해온 금속으로서 각종 장신구를 비롯하여 화폐, 공예품의 원료로 사용되고 있다. 이러한 금속들은 자연상태에서 얻어진 광물을 일정 기술로 정련하여 얻어지는 것으로, 이 중 금은 광물 속의 금이 녹는 점과 녹는 온도를 맞추기 위한 고도의 정련기술을 요한다. 즉 희소한 원석을 도가니에 넣고 열을 가하여 1100도 이상의 고온을 유지시키는 기술은 힘든 기술이므로 이러한 금은 고대로부터 순금으로 사용되거나, 은이나 동과 합금하거나, 동판에 금 도금 또는 금박을 만들어 입히는 방법으로 사용되었다.

이러한 일련의 금 생산기술을 갖고 있던 유적이 왕궁리유적과 관북리유적이다.

왕궁리유적의 생산기술 관련 시설은 유적의 서북편일대에서 확인되며 크게 공방폐기지, 소토구, 소토폐기지로 구분된다. 이들 폐기지 주변에는 공방으로 추정되는 남북방향의 굴립주 건물, 노지시설 등이 확인되기도 하였다.

이들 공방관련 시설에서는 금·동·유리제품을 생산하기 위한 제련·용해도구인 도가니, 용재(鎔滓), 숫돌(砥石), 노벽체(爐壁體) 편 등이 다량으로 출토되고 있다.

공방폐기지의 규모는 남북 14m, 동서 7.4~9.4m이며 내부에서 금속 파편과 유리 도가니편, 슬래그 등이 확인되었고 소토폐기지에서는 공정상의 금연주, 영락, 금사, 금못 등의 제품과 유리편, 이를 제련하기 위한 도가니, 도가니 뚜껑 등이 다량으로 출토되었다. 따라서 왕궁리유적에는 금·동·유리의 제련·정련뿐만 아니라 귀금속의 세공까지 이루어지는 전문 기술집단이 있었음을 알 수 있다.

대체로 금을 제련·용해하는 도가니는 은이나 동, 유리도가니에 비해 비교적 높이가 5㎝ 정도로 낮은 소형의 토제 도가니이다. 형태는 평저의 소형 절구형이나 첨저의 반원추형이며 금의 정련과정에서 고온의 열에 의해 표면에 유리질화가 진행되어 유리막이 형성되어 있다. 이러한 금도가니는 제품에 따라 그 형태나 재질이 지역적으로 차이를 갖기도 한다.

왕궁리유적의 금도가니는 보다 다양한 형태의 도가니가 확인되는데 첨저 및 원저의 반원추형 도가니, 평저의 낮고 넓적한 도가니 등이 있으며 원추형도가니 중에 높이가 5㎝ 이상의 큰 도가니도 확인되고 있다. 이들 도가니에 대한 분석을 통해서, 금, 금+은, 금+은+구리성분이 검출된 도가니가 확인되고 있어 순금과 합금제품을 생산했음을 알 수 있다.

이와 비교하여, 관북리의 것은 반원추형과 절구형이며 성분분석 결과, 은이 약 10% 정도 합금된 합금 도가니였음이 밝혀졌다.

또한 일본 아스카 이케의 것은 낮은 절구형이 특징이며 높이가 10㎝ 정도로 높아 왕궁리유적과 비교된다.

왕궁리에서 출토된 금제품에 대해서는 비파괴분석을 통해 왕궁리 출토 금제품의 특징을 살펴 볼 수 있다. 분석시료는 금제품 114점, 기타 금속 12점이며 금제품의 화학조성과 미세 가공흔적, 다른 화합물의 사용여부 등을 분석하였다.

금제품은 순금과 합금으로 구분되며 합금재료는 은을 사용하였다. 금의 순도에 따라서 금제품의 성격이 달라지는데 순도가 높을수록 연주와 같이 작고 미세한 가공을 요하는 것이 많았다. 반면 순도가 낮은 것은 주로 못이나 금사 등 고정용으로 사용되는 것들이 대부분이다.

그런데, 이들 금제품들은 완성형이 아니라 공정 중에 있는 제품들로서 광을 내거나 접합시 불필요한 것을 제거한 흔적들이 확인된다. 또한 두드리거나 잘라낸 흔적도 확인되는데 미세구조 분석결과, 연주, 새김무늬 금선, 구멍있는 구슬 등은 주형을 이용하여 제작하였을 것으로 보이며, 이외의 금제품들은 막대나 금판, 금박 상태에서 2차 가공작업이 이루어졌을 것으로 보인다.

금제품의 세공 기술 중 왕궁리유적에서는 도금기술 중에 하나인 금아말감법으로 제작된 금+은+수은이 확인되는 금판, 금아말감법의 원료인 수은 덩어리가 확인되었다.

일반적으로 도금기술은 금이나 은을 금속의 겉면에 입히는 기술을 말하며 고대부터 얇은 금박, 은박을 붙이는 물리적인 방법과 금·은을 화학적으로 도금시키는 수은아말감법이 있었다. 금아말감법은 금(은)과 수은을 2:8의 비율로 섞은 아말감을 금속의 겉면에 바르고 열을 가하여 수은을 증발시켜 표면에 강하게 달라붙게 만드는 것이다. 이러한 방법은 왕궁리 5층석탑에서 출토된 사리장엄구 중 금강편과 사리병을 보관하던 금동사리 내합의 분석결과에서도 밝혀졌다.

3) 은 생산기술

 은과 관련된 생산유적은 아직 고고학적으로 확인되지 않았으나, 『고려사』 지리지 등에 고려시대 은을 제련한 은소(銀所)가 13개소 있다는 기록과 이중 충청도지역에 은소 5곳이 있다는 기록을 통해 백제시대에 이 지역을 중심으로 은 광업이 발달했을 가능성이 있어 보인다.

 물론 백제시대 은 제련기술에 대한 근거는 아직 없으나 부여 구아리와 가탑리에서 확인된 '一斤'명 거푸집을 통해 백제시대의 은 제련 가능성을 추정해 볼 수 있다. 이 거푸집은 1근 무게의 금속을 제작했던 것으로서 그 부피값($24.88cm^3$, $27.33cm^3$)을 금은동철로 각각 주조한 후 중국 남조의 1근 값과 함께 비교한 결과, 은 1근을 주조했던 것으로 추정된다.

4) 동 생산기술

 동 역시 금과 마찬가지로 용융점이 높아 정련하기 어려워 주석(Sn), 납(Pb), 아연(Zn)을 첨가하여 청동제품을 만들었다.

 동은 자연에서 채취한 동광석을 도가니나 구덩이에 숯과 함께 넣고 가열하여 1차 제련 동을 얻고 이를 다시 도가니에 넣어 정련하였을 것으로 추정된다. 이후 동광석, 주석광석, 납광석을 숯과 섞거나 교대로 쌓아 송풍하면서 녹이고, 제련된 동, 주석, 납을 저울질하며 도가니에 넣어 청동을 제조하게 된다.

 이러한 과정으로 만들어진 청동기는 용융점이 낮아지고 유동성도 좋

아져 주조하기 용이하게 된다.

우리나라 청동기시대 청동 제조에 관한 자료는 거푸집을 제외하고는 제련로나 용해로, 슬래그 등은 확인되지 않는 실정이며 백제시대에 들어 익산과 부여, 경주일원에서 청동생산 유적이 증가하고 있다.

이러한 청동 생산관련 유물들은 왕궁리유적과 부여 능산리사지에서 확인된다.

왕궁리유적에서는 유적지 서편지역, 동서석축 4가마터, 강당지 하부 부정형 유구에서 동슬래그, 숫돌, 토제 용범, 송풍관 추정의 토제품, 벽체 편, 각종 석재 등이 출토되었다. 동도가니와 동슬래그의 성분분석 결과, 순동(Cu), 청동(Cu+Sn/Cu+Sn+Pb), 황동(Cu+Zn)이 확인되어 구리, 주석, 납의 조성비율에 따라 각기 다른 도가니를 사용하였음을 알 수 있다 왕궁리유적의 동도가니는 총 60점이 확인되었는데 형태는 첨저·원저 포탄형에 한쪽 끝에 양쪽으로 눌러 만든 탕주입구가 달려 있다. 토제이며 크기는 다양한 편이다.

이들 도가니에 대한 성분분석 결과, 순동 도가니는 20점(33.3%), 동·주석·납 합금 도가니 35점(58.3%), 아연 검출 도가니 5점(8.3%)으로 나타났다. 이 중 아연도가니는 노감석을 녹인 도가니로 추정되며 이외 황동도가니로 추정되는 것도 확인된다.

이와 관련하여 부여 능산리사지 제3건물지(공방) 북측 공방터에서 청동덩어리가 수습되었는데, 이 중 4점의 금속시료 분석 결과는 다양한 동 제련과정이 있었음을 보여준다. 먼저 동제련 과정에서 형성된 동피

(銅皮)를 제련하여 만든 저품질의 동이 확인되었고, 동 제련과정에서 만든 정동(精銅)에 주석만 첨가하여 합금했을 것으로 추정되는 청동(Cu+Sn)계, 정동에 주석과 납을 합금했을 것으로 보이는 청동(Cu+Sn+Pb)이 확인되었다.

이를 통해 부여 능산리사지 제3건물지에서는 동광을 제련하여 동피를 만들거나 동피를 녹여 조동(粗銅)을 만들고 이를 다시 정련하여 정동으로 만든 후, 주석과 납을 합금하여 여러 가지 청동제품을 만들었을 것으로 추정된다.

각주

백제지역 철문화의 시작과 전개

1) 藤田豪策, 1946, 「朝鮮發見の 明刀錢と其遺蹟」, 『朝鮮考古學研究』
2) 김정문, 1964, 「세죽리유적발굴중간보고(1)」, 『고고민속』 2
   김영우, 1964, 「세죽리유적발굴중간보고(2)」, 『고고민속』 4
3) 모든 鐵器기종이 鑄造製品만으로이루어진 것은 아니며 武器類에는 鍛造製品이 출토된다.
4) 韓半島 初現의 鐵器와 燕國과의 관계는 아래 논문에 밝혀져 있다.
   李南珪, 1992, 「燕國鐵器考」, 『제35회 전국역사학대회 논문 및 발표요지』
5) 황기덕, 1963, 「황해북도봉산군송산리솔뫼골위석묘」, 『고고학자료집』 제3집
6) 황기덕, 1974, 「최근에 새로 알려진 비파형단검과 좁은놋단검 관계의 유적유물」, 『고고학자료집』 4

7) 박진욱, 1974, 「함경남도일대의 고대유적조사보고」, 『고고학자료집』 4집
8) 梅原末治 藤田豪策, 1947, 『朝鮮古文化綜鑑』第1卷
9) 과학원고고학 및 민속학연구소, 1959, 『태성리 고분군 발굴보고』유적발굴보고 제5집
10) 과학원 고고학 및 민속학연구소, 1959, 「황해북도은파군 갈현리 하석동토광묘 유적조사보고」, 『대동강 및 재령강 류역 고분발굴보고』고고학자료집 제 2집
11) 박진욱, 1974, 「함경남도일대의 고대유적조사보고」, 『고고학자료집』 제4집
12) 3群의 철기와 전국만기의 철기문화의 비교는 아래 논문에 간략히 언급한 바 있다.
孫明助, 1998, 「弁辰韓鐵器의 初現과 展開」, 『辰弁韓의 世界』, 釜山市立博物館 福泉分館
13) 李健茂, 1990, 「扶餘合松里遺蹟出土 一括遺物」, 『考古學誌』2, 韓國考古美術硏究所
14) 池健吉, 1989, 「長水 南陽里 出土 靑銅器・鐵器 一括遺物」, 『제13회 韓國考古學全國大會發表要旨』, 韓國考古學會
15) 李健茂, 1991, 「唐津素素里遺蹟出土 一括遺物」, 『考古學誌』3, 韓國考古美術硏究所
16) 이건무 외, 1993, 1994, 앞의 글

17) 隍城洞遺蹟發掘調査團, 1991, 앞의 책

백제의 철·철기 제작기술

1) 철생산유적의 본격적인 조사가 진행되기 전인 1980년 이전의 이 분야 관련 자료는 단순히 야철유적이라는 이름으로 해석되는 등, 고대의 철생산기술에 대한 연구는 초보적인 단계에 머물러 있었다. 예를 들면 창원 성산패총의 북구, 서남구에서 확인된 야철지를 철생산유적으로 해석하여 인근의 佛母山 鐵山과 관련시켜 가야지역의 철생산을 언급하거나, 마장리나 이곡리유적의 단야유구를 사철제련과 연계시켜 중부지방의 주요 철생산유적으로 판단하기도 하였다.
2) 길경택 외, 1996, 『충주 이류면 야철유적 지표조사 보고서』, 충주박물관
3) 석장리유적의 원형·장방형의 노는 선철을 용해하여 주조철기를 제작하거나 정련하여 강철소재를 생산하는 정련로(초강로)라고 보는 견해도 있다(노태천 2001).
4) 만약 이곳이 송풍관이 설치된 곳이라고 하면 'ㄱ'자상의 대구경송풍관의 굴곡부에서 입구까지의 길이가 30㎝ 정도가 되므로 송풍관의 입구가 거의 바닥에 접하게 되어 송풍의 기능이 원활하게 이루어졌을지 의문이다. 따라서 석장리의 경우에도 노의 상부에서 송풍관을

설치한 것으로 생각된다.

5) 4-1호노의 노벽에 송풍구가 확인되지 않고, 4-2호와의 사이에 송풍시설을 설치하면 작업공간을 확보할 수 없으며, 세장하여 협소한 노임에도 불구하고 배재구가 한쪽에만 존재하는 점 등을 들어 상형로의 가능성에 회의적인 견해도 있다(角田德幸 2006).

6) 오산세교택지개발지구내 문화유적시굴조사 지도위원회의 자료(4,6지점), 2005.8, 기전문화재연구원

7) 화성장안리유적 지도위원회자료집, 2005.6, 수원대학교박물관
한국고고학대회 자료집, 2005.11, 한국고고학회

8) 풍납토성 3 - 삼화연립재건축사업부지에 대한 조사보고-, 2003, 한신대학교박물관

9) 이남석 등, 2005, 『서천 지산리유적』, 공주대학교박물관

10) 본 보고서는 Asian Perspectives 2(1958)에 'Able' 유적으로 소개되어 있으며 유물은 미국자연사박물관에 소장되어 있음. 김원룡에 의해 유적의 내용이 소개되었고 이후 한영희에 의해 출토유물이 소개되었다.

   a. 金元龍, 1971, 「加平邑 馬場里遺蹟」, 『歷史學報』 50·51合輯, p.111~137

   b. 韓永熙, 1982, 「馬場里住居址出土遺物」, 『中島 進展報告Ⅲ』, 國立中央博物館

11) 자연유로 표현된 것은 철재가 부착된 것임.

12) 崔茂藏, 1979, 「梨谷里鐵器時代住居址發掘報告書」, 『建大人文科學論叢』第12輯
13) 보습거푸집은 사진으로만 보고되어 있는데 실지 거푸집인지에는 疑問이 있다.
14) 金元龍・鄭永和・崔夢龍, 1974, 「楊平郡大心里遺蹟發掘報告」, 『八堂・昭陽댐水歿地區遺蹟發掘綜合報告』, 文化財管理局
15) 출토유물의 설명에서 鐵斧의 出土, 주위 砂鐵層의 存在와 鐵滓 出土에 根據하여 鑄造鐵斧를 직접 生産하였고 그 證據로 石製鎔范片과 관련시켜 2매 1조의 雙合范으로 설명되어 있으나 실지 鐵滓는 鍛冶鐵滓이며 출토된 鎔范은 철부용범이 아닌 것으로 밝혀졌다.
16) 尹世英・李弘鍾, 1994, 『미사리』第5券, 미사리선사유적발굴조사단
17) 노벽편은 보고되어 있지 않고 필자가 직접 고려대학교 서창캠퍼스에 방문하여 확인한 것이다.
18) 國立中央博物館, 1997, 「驪州淵陽里 現場說明會資料」 보고서작업이 진행 중에 있으며 필자가 실견하였다.
19) 文暻鉉, 1992, 「新羅의 鐵山」, 『新羅産業經濟의 新研究』新羅文化學術發表會論文集 13; 柳承宙, 1993, 『朝鮮時代 鑛業史研究』, 고려대학교 출판부; 安春培, 1995, 「韓國古代의 鐵生産과 流通」, 『釜山女大史學』 10・11合集
20) 경주 황성동유적에서 출토된 鐵滓의 분석 결과 특징적인 미량원소로서 砒素가 검출되었으며, 인근의 울산 달천광산에서 산출되는 철

광석이 이러한 비소를 함유하고 있어 황성동유적에서 쓰였던 철의 원료는 달천광산에서 채광된 것으로 추정된다. 大澤正己, 1993,「韓國の鐵生産-慶州市所在隍城洞遺蹟槪報に寄せて」,『古代學評論』3, 古代を考える會

21) 李健茂 外, 1993,「義昌 茶戶里遺蹟 發掘進展報告」,『考古學誌』Ⅲ, 韓國考古美術硏究所
李健茂 外, 1995,「義昌 茶戶里遺蹟 發掘進展報告」,『考古學誌』Ⅳ, 韓國考古美術硏究所

22) 尹東錫, 1984,『韓國初期鐵器遺物의 金屬學的 硏究』, 高麗大學校出版部
_____, 1986,「古代製鐵時 생긴 鐵滓에 대하여」,『學術院論文集』25
_____, 1987,「韓國의 古代鐵滓에 대하여」,『三佛金元龍敎授停年退任紀念論叢I』, 一志社
_____, 1988,「鐵器遺物의 科學的分析」,『韓國考古學에 있어서 科學的分析의 檢討』, 韓國考古學會
_____, 1989,『三國時代鐵器遺物의 金屬學的 硏究』, 高麗大學校出版部
尹東錫·申璟煥, 1981,「漢江流域의 初期鐵器遺物에 대한 金屬學的 解釋」,『大韓金屬學會誌』
_____, 1982,「貝塚遺蹟에서 發掘된 初期鐵遺物에 대한 金屬學的硏究(I)」,『大韓金屬學會誌』20(3)

23) 申璟煥 外, 1998,「浦項玉城里古墳群 出土鐵器의 金屬學的分析」,『浦項玉城里古墳群Ⅱ-나 地區』, 嶺南埋藏文化財硏究院, pp.468~491

24) 柳承宙, 1993, 주6)의 앞 책, p.34
25) 국립광주박물관·한신대학교박물관, 1993, 『무등산 금곡동-조선시대 철 및 철기생산유적-』
26) 석장리유적에서 출토된 鑛粉은 처음에는 사철로 판단하여 사철제련이 행해졌을 가능성이 있다는 의견이 제기되었으나 예비분석결과 티탄의 양이 극미하여 금속학적인 의미의 사철이라고는 할 수 없다고 한다. 사철이 아닌 鑛粉 즉 철광석의 가루라는 것이다. 그러나 이러한 粉末 형태의 원료를 제련에 이용하였다는 사실은 분명하며 그렇다면 당시에 사철을 이용했을 가능성도 충분하다 하겠다. 또한 일본의 사철제련의 기원 등의 문제를 살피는데 있어서도 매우 흥미로운 자료로 여겨진다.
27) 河瀨正利, 1995, 『たたら吹製法の技術と構造の考古學的硏究』, 溪水社, p.125
28) 韓國文化財保護財團, 1999, 『淸原五倉遺蹟(II)』, pp.306~308
29) 穴澤義功, 1984, 「製鐵遺蹟からみた鐵生産の展開」, 『季刊考古學』 8
30) 고대의 제련공정에서는 환원된 철이 용융되어 노 밖으로 흘러 나올 정도로 높은 온도를 내는 것이 어려웠기 때문에 노 안에서 반 고체 상태의 철괴를 얻을 수밖에 없었다. 따라서 조업이 완료된 뒤 철괴를 꺼내기 위해서는 노 벽체를 허무는 과정이 불가피하였기 때문에 대부분의 노적은 하부만이 남아 있는 상태로 발견된다.
31) 보다 구체적으로 말하면 반 지하식의 원추형 수형로이다.

32) 상형로라는 용어는 지상식의 장방형로를 가리킨다.

33) 일본 내에서 이 2종류의 노 형태는 초기단계에서는 원형로와 상형로가 같이 공존한 뒤 지역적 차이를 보이며 발전하다가, 平安時代 이후 대형화된 상형로 중심으로 노형태가 일관된다. 松井和幸, 1991, 「鐵と鐵生産」, 『古墳時代の硏究』 5, 雄山閣; たたら硏究會編, 1991, 『日本古代の鐵生産』, 六興出版

34) 盧泰天, 주1)의 앞 글

35) 申曛煥 外, 1998, 주10)의 앞 글

36) 李京華, 「南陽北關瓦房廠漢代冶鐵遺址發堀報告」, 『夏華考古』 第1期 河南省文物研究所

37) 최근 밀양 사촌제철유적에서 송풍의 위치와 방법 등을 살펴 볼 수 있는 좋은 자료가 출토되었는데, 정리중인 관계로 다음 기회에 다루고자 한다.

38) 3유형 중 발굴범위가 좁아 전체 해석이 되지 않는 유구나, 전체유적에 비해 단야내용이 소략한 유구 등이 5유형에 해당될 수 있다고 보이지만 향후 구체적인 검토 후 조정할 필요가 있다.

백제의 철기

1) 김길식, 2004, 「백제의 무기」, 『백제 문화의 원형』, 공주대학교 백제

문화원형복원센타

2) 고대국가의 개념에서 백제의 시작을 유적에서는 석촌동, 가락동 일원의 대형고분의 출현과 풍납토성 등 성곽의 축조시점을, 유물로서는 심발형토기와 장란형토기를 뒤이은 흑색마연토기와 고배, 삼족기, 직구단형호 등 백제토기가 등장하는 시점을 백제의 시작으로 보는 견해가 지배적이다.

　　박순발, 2004, 「백제의 토기」, 『백제 문화의 원형』, 공주대학교 백제문화원형복원센타

3) 篠田耕一, 1992, 『武器と防具〈中國編〉』, 新紀元社

4) 篠田耕一, 1992, 앞의 글

5) 이는 날부분과 외면에 침탄처리를 하거나 또는 날과 외면을 탄소함량이 대체로 높은 강을, 내부 칼등부분은 탄소함유량이 낮은 연강을 사용하여 鍛接하였을 가능성이 제시된다.

　　古瀨淸水, 1991, 「3 鐵器の生産」, 『古墳時代の研究-5生産と流通Ⅱ』, 雄山閣

　　奧野正男, 1994, 『鐵の古代史2-古墳時代』, 白水社

6) 중국에서의 검에서 도의 변화는 전투방법의 변화와도 관련지을 수 있다. 전국시대까지 戰車戰 위주에서 한대에 騎兵戰으로 변하면서 근접전의 기회가 잦아지고, 또한 기병이 보병을 상대할 경우에도 斬하는 것이 찌르는 것보다 효과적이었을 것이다. 따라서 이 경우 부러지기 쉬운 검보다는 도가 선택되고 일반화되었을 것이다.

7) 小玉眞一, 1980, 「鐵器」, 『若宮宮田工業團地關係埋藏文化財調査報告』 第2集.
奧野正男, 1994, 앞의 책
김성태, 1996, 「백제의 무기-칼, 창, 촉의 기초적 분석-」, 『백제연구』제24집
김길식, 2004, 앞의 글
8) 고구려 계통으로 고구려의 유이민에 의해 축조되었다는 등의 설이 있다.
국립중앙박물관, 1999, 『특별전 백제』
9) 김길식, 2004, 앞의 글
10) 勝部明生, 1980, 「弥生時代の鐵製武器」, 『三世紀の考古學』中卷, 學生社版.
11) 奧野正男, 1994, 앞의 책
12) 대도의 대표적인 왜도와 중국의 박도, 언월도 등은 모두 칼등 쪽으로 휘어지게 제작된 점에서도 이를 알 수 있다.
13) 篠田耕一, 1992, 앞의 글
14) 최종규, 1983, 「中期古墳의 성격에 대한 약간의 考察」, 『부대사학』
김길식, 2004, 앞의 글
15) 최종규, 1992, 「濟羅耶의 文物交流」, 『백제연구』23집
16) 삼엽문은 금동장-은장-철제 등의 순서로 위계차이가 추정된다.
김길식, 2004, 앞의 글

17) 청주 신봉동90-A-25호에서 1점 출토되었다.
18) 高久建二, 1992, 「韓國 出土 鐵矛의 傳播 過程에 대한 硏究」, 『考古人類學誌』第8輯.

    _____, 1995, 『樂浪古墳文化 硏究』, 학연문화사
19) 반부철모는 투겁단면다각형철모와 함께 고구려계통으로 추정되며 백제지역에서는 5세기 전반으로 편년되는 천안 용원리9호 석곽묘에서 출토한 것이 유일하다.

    김길식, 2004, 앞의 글
20) 김길식, 2004, 앞의 글
21) 김두철, 2006, 「三國時代 鐵鏃의 硏究」, 『백제연구』제43집
22) 안순천, 1984, 「4세기대 철촉에 관한 일소고-예안리유적을 중심으로」, 『가야통신』1~9집

    김길식, 2004, 앞의 글

    김두철, 2006, 앞의 글
23) 김두철, 2006, 앞의 글
24) 가-1·2·3호 환호는 풍납토성 축조이전에 조성된 것으로 원삼국시대 말로 편년되는데 이후 사두형철촉의 출토 예가 많아진다.

    국립문화재연구소, 2001, 『풍납토성Ⅰ-현대연합주택 및 1지구 재건축부지-』
25) 미사리유적 숭실대조사 B3호, B5호 주거지와 고려대조사 KC040, KC008주거지 등에서도 출토되었다.

26) 역자형철촉 중 신봉동 9호 출토와 같은 촉신의 폭이 넓은 광삼각형 역자촉과 동 108호 출토 유경유엽형역자촉은 가야의 철촉과 비교할 수 있다.
    김두철, 2006, 앞의 글
27) 이후 성시구라는 용어를 따르겠다.
28) 최종규, 1986, 「盛矢具考」, 『부산시립박물관연보』 제9집
29) 전옥년, 1992, 「가야의 금동제품에 관하여-성시구 연구」, 『가야고고학논총』 1, 가락국사적개발연구소 편
30) 전옥년, 1992, 앞의 글
31) 이와 같은 형태는 백제지역의 독특한 것으로 신라지역에서는 출토되지 않는다. 이 단계의 신라지역에서는 폭이 좁고 길어지는 현수장치가 나타난다.
32) 큰 틀에서는 철부인데 무기의 기능에서 투부라는 명칭을 사용한 것으로 김길식의 명명을 따랐다.
33) 김길식, 2004, 앞의 글
34) 송계현, 1999, 「우리나라 갑주의 변화」, 『고대전사와 무기』, 부산복천박물관
35) 김두철, 2000, 『한국고대 마구의 연구』, 동의대학교대학원 문학박사학위논문
36) 古瀨淸水, 1991, 앞의 글
37) 김도헌, 2001, 『고대의 철제농구에 대한 연구』, 부산대학교대학원

사학과 석사학위논문

백제의 공방과 금은동제작기술

1) 금속 도가니는 금, 은, 동, 철의 각종 재료의 도가니가 있었을 것으로 추정되나 현재까지 확인된 것은 금과 동 도가니뿐이며 일부 철도가니의 가능성이 있는 유물도 있으나 확실하지 않아 여기에서는 생략한다.
2) 도가니의 형식분류는 전영호의 분류을 인용한 것이다.
3) 본 내용은 이남규에 의해 정리되었다.

참고문헌

尹東錫, 1984, 『韓國初期鐵器遺物의 金屬學的 研究』, 高麗大學校出版部

李南珪, 1982, 「南韓 初期鐵器文化의 一考察」, 『韓國考古學報』 13

安在晧, 1990, 「鐵鋌에 대하여」, 『東萊福泉洞古墳群Ⅱ』, 釜山大學校博物館遺蹟調查報告 14

이남규, 1999, 「한반도의 고대국가 형성기 철제무기의 형성과 보급」, 『한국고대의 전쟁과 사회변동』 한국고대사학회 제12회 학술토론회

村上恭通, 1998, 『倭人と鐵の考古學』, 青木書店

松井和幸, 「鐵生産の問題」, 『論爭・學說 日本の考古學』 4, 彌生時代, 雄山閣出版

湖見 浩, 1982, 『東アジアの初期鐵器文化』, 吉川弘文館

小田富士雄・武末純一, 1983, 「朝鮮の初期冶鐵研究とその成果」, 『日本製鐵史論集』

大澤正己, 1990, 「日本と朝鮮半島の鐵生産」, 『季刊考古學』 第33호, 雄山閣

宋桂鉉, 1994, 「三韓鐵器變化의 段階」, 嶺南考古學會 九州考古學會 第1回 合同考古學會

孫明助, 1997, 「慶州隍城洞 製鐵遺蹟의 性格에 대하여」, 『新羅文化』第14輯

_____, 1998, 「韓半島 中南部地方 鐵器生産遺蹟의 現狀」, 『嶺南考古學』22輯, 嶺南考古學會

_____, 1998, 「弁辰韓鐵器의 初現과 展開」, 『伽倻文化』第11號, 伽倻文化研究院

_____, 1998, 「韓半島の鐵生産」, 『古代出雲における鐵』, 環日本海松江國際交流會議

_____, 2000, 「韓半島鐵器文化の展開『シルクロード學研究叢書』シルクロード學研究センター

_____, 2001, 「낙동강하류역의 고대철생산 -양산밀양지역을 중심으로-」, 『동원학술논문집』제4집, 한국고고미술연구소

_____, 2002, 韓國古代の鐵生産-新羅, 百濟, 伽倻-」『古代東アジアにおける倭と伽倻の交流』第5回歷博, 際シンポジウム事務局

_____, 2003, 「伽倻の鐵」, 『東アジアの古代文化』114號, 大和書房

_____, 2003, 「伽倻의 鐵生産과 流通」, 『民族文化學術叢書』27, 도서출판 혜안

_____, 2005, 原三國時代의 鐵器- 嶺南地域-」, 『원삼국시대문화의 지역성과 변동』제29회 한국고 학전국대회

_____, 2005, 「고대제철유적의 조사」, 『한국매장문화재조사연구방법론 1』, 국립문화재연구소

_____, 2006, 「古代鍛冶遺蹟의 諸樣相」, 『科技考古』

李盛周, 1997, 「木棺墓에서 木槨墓로」, 『新羅文化』 14, 東國大學校 新羅文化硏究所

李盛周, 1997, 「弁辰韓 鐵製武器의 樣相에 대한 몇가지 檢討」, 嶺南考古學』 21

崔鍾圭, 1995, 『三韓考古學硏究』, 書景文化史

宋桂鉉, 2002, 「嶺南地域 初期鐵器文化의 受容과 展開」 第11回, 嶺南考古學會 學術發表會

孫明助, 1998, 「弁辰韓 鐵器의 初現과 展開」, 『伽倻文化』 12

李榮勳·孫明助, 2000, 「古代의 鐵·鐵器生産과 그 展開에 대한 考察」, 『古代史論叢』 9輯

安在晧, 2000, 「昌原 茶戶里遺蹟의 編年」, 『韓國 古代史와 考古學』鶴山金廷鶴博士 頌壽紀念論叢

李注憲, 2004, 「道項里 木棺墓와 安那國」, 『文化財』 第37號

金權一, 2003, 「南韓地方 古代 製鐵爐에 대한 一硏究」, 한신대학교대학원 석사학위논문

金承玉, 2003, 「호남지역 마한 주거지의 편년」, 『湖南考古學報』 11, 湖南考古學會

金元龍, 1952, 「慶州 九政里 金石倂用期 遺物에 對하여」, 『歷史學報』第1

輯, pp.3~14.

盧泰天, 2000, 『韓國古代 冶金 技術史 硏究』, 韓國精神文化硏究院 博士學位論文

박순발, 1993, 「우리나라 初期鐵器 文化의 展開過程에 대한 약간의 考察」, 『考古美術史論』3, pp.37~62.

成正鏞, 2000, 「鐵製武器의 樣相과 特質」, 『中西部 馬韓地域의 百濟領域化過程 硏究』, 서울대학교박사학위논문

孫明助, 1998, 「韓半島 中·南部地方 鐵器生産遺蹟의 現狀」, 『嶺南考古學』22, 嶺南考古學, pp.9~136

李南珪, 1993, 「1~3세기 낙랑지역의 금속기문화-鐵器를 중심으로-」, 『韓國古代史論叢』5, 韓國古代史硏究所

_____, 2000, 「錦江流域圈における原三國時代の鐵器文化」, 『製鉄史論文集』, たたら研究, 会創立四〇周年記念 たたら研究会

_____, 2002a, 「韓半島 初期鐵器文化의 流入 樣相」, 『韓國上古史學報』第36號, 韓國上古史學會

李盛周, 1998, 「政治體의 起源」, 『新羅·伽倻社會의 起源과 崔盛洛,

_____, 1992, 『全南地方 原三國

鄭仁盛, 2004, 「樂浪土城の鐵器とその生産」, 『鉄器文化の多角的探究』, 鉄器文化研究会第10回記念大会発表要旨, 鉄器文化研究会

建二, 1992, 「韓國 出土 鐵矛의 傳播 過程에 대한 硏究」, 『考古人類學誌』第8輯

高久建二, 1995, 『樂浪古墳文化 硏究』, 학연문화사

권상열 외, 2005, 「망이산성출토유물의 성격」, 『고고학지』 제14집, 한국고고미술연구소

국립중앙박물관, 1999, 『특별전 백제』

_____, 2007, 발굴에서 전시까지

김길식, 2004, 「백제의 무기」, 『백제 문화의 원형』, 공주대학교 백제문화원형복원센타

김도헌, 2001, 『고대의 철제농구에 대한 연구』, 부산대학교대학원 사학과 석사학위논문

김두철, 2000, 『한국고대 마구의 연구』, 동의대학교대학원 문학박사학위논문

_____, 2006, 「三國時代 鐵鏃의 硏究」, 『백제연구』 제43집

김성태, 1996, 「백제의 무기-칼, 창, 촉의 기초적 분석-」, 『백제연구』 제24집

김재홍, 2005, 「낙랑지역의 봉산 양동리5호 전실묘 출토 U자형쇠날」, 『고고학지』 제14집, 한국고고미술연구소.

박순발, 2004, 「백제의 토기」, 『백제 문화의 원형』, 공주대학교 백제문화원형복원센타

부산복천박물관, 1999, 『고대전사와 무기』 2001특별전시

서울역사박물관, 2002, 『풍납토성-잃어버린 「왕도」를 찾아서』

성정용, 2000, 『중서부 마한지역의 백제영역화과정 연구』, 서울대학교

고고미술사학과 문학박사학위논문

송계현, 1999, 「우리나라 갑주의 변화」, 『고대전사와 무기』, 부산복천박물관

안순천, 1984, 「4세기대 철촉에 관한 일소고-예안리유적을 중심으로」, 『가야통신』 1~9집

이남규, 1999, 「한반도 고대국가 형성기 철제무기의 유입과 보급」, 『한국고대사연구』 16, 한국고대사학회

_____, 2002, 「한성백제기 철기문화의 특성-서울·경기지역의 농공구를 중심으로-」, 『백제연구』 36, 충남대학교 백제연구소

_____, 2005, 「한반도 서부지역 원삼국시대 철기문화」, 『원삼국시대문화의 지역성과 변동』제29회 한국고고학전국대회 발표지

전옥년, 1992, 「가야의 금동제품에 관하여-성시구 연구」, 『가야고고학논총』1, 가락국사적개발연구소 편

천말선, 1994, 「철제농구에 대한 고찰」, 『영남고고학』 15, 영남고고학회

최종규, 1986, 「盛矢具考」, 『부산시립박물관연보』 제9집

_____, 1983, 「中期古墳의 성격에 대한 약간의 考察」, 『부대사학』

_____, 1992, 「濟羅耶의 文物交流」, 『백제연구』 23집

국립문화재연구소, 2001, 한국고고학사전

국립부여문화재연구소, 1992, 『익산 왕궁리 발굴중간보고』

_____, 1996, 『彌勒寺 遺蹟發掘調査報告書 Ⅱ』.

_____, 2002, 『익산 왕궁리 발굴중간보고 Ⅳ』.

_____, 2004, 『扶餘 官北里百濟遺蹟 發掘調査(9차) 報告』-약보고.

_____, 2006, 『익산 왕궁리 발굴중간보고 Ⅴ』.

_____, 2006, 『2006년도 익산 왕궁리 유적 발굴조사 현장설명회의자료』.

김종만, 1994, 「부여지방출토 도가니」, 『考古學誌』 6집, 109~122쪽.

_____, 2004, 『사비시대 백제토기 연구』, 서경문화사, 233~241쪽.

유혜선·이영범, 2006, 「국보 제123호 왕궁리5층석탑 출토 사리기 성분분석연구」 제23회 학술대회 발표논문집, 한국문화재보존과학회 편, 99~107쪽.

宋日基, 2003, 『益山 王宮塔 出土「百濟金紙角筆 金剛寫經」의 硏究』, 『益山 文化圈 硏究의 成果와 課題』, 마한백제문화연구소 설립30주년기념 제16회 국제학술회의, 133~148쪽.

崔聖銀, 1997, 「羅末麗初 小形金銅佛立像 硏究-益山 王宮里 五層石塔출토 金銅佛立像을 中心으로」, 『美術資料』第五十八號, 1~24쪽.

차순철, 2005, 「경주지역의 청동생산(靑銅生産)의 공방운영(工房運營)에 대한 일고찰」, 『文化財』제38호, 179~222쪽.

飛鳥資料館, 1992, 『飛鳥の의 工房』.

松村惠司, 2006, 「飛鳥池工房遺跡の調査と成果」, 「백제 생산기술과 유통의 정치사회적 함의」, 한신대학교학술원 2006년도 국제학술대회 발표논문, 23~58쪽.

국립경주박물관, 2000, 『慶州 隍城洞 遺蹟 Ⅰ』.

국립부여박물관, 2006, 『백제의 공방』.

김규호, 2006, 「왕궁리 유적 출토 생산관련유물에 대한 제2차 고고화학적 분석결과보고서」.

나주시·목포대학교박물관, 1999, 『나주시의 문화유적』.

동국대학교경주캠퍼스박물관, 2002, 『경주 황남동 376번지 통일신라시대 유적』.

文化財管理局 文化財研究所, 1989, 『彌勒寺 遺蹟發掘調査報告書 Ⅰ』.

文煥晳, 黃振周, 韓旼洙, 2002, 「익산 왕궁리 유적 공방지 출토 유물의 재질분석 연구」, 『익산 왕궁리 발굴중간보고 Ⅳ』.

박장식, 2002, 「익산 왕궁리 출토 금속관련 유물의 금속학적 분석을 통한 유적의 성격추정」, 『익산 왕궁리 발굴중간보고 Ⅳ』.

宋日基, 2003, 「益山 王宮塔 出土「百濟金紙角筆 金剛寫經」의 研究」, 『益山 文化圈 硏究의 成果와 課題』, 마한백제문화연구소 설립30주년기념 제16회 국제학술회의.

한송이, 2006, 「왕궁리 유적 출토 금 제품의 제작 기법 분석」, 공주대학교 석사학위논문.

〈보고서〉

국립문화재연구소, 2001, 『풍납토성Ⅰ-현대연합주택 및 1지구 재건축 부지-』

국립전주박물관, 1994, 『부안 죽막동 제사유적』 국립전주박물관 학술조사보고 제1집

기전문화재연구원, 2005, 『용인 마북리 백제토광묘』 학술조사보고제45책

김원용 외, 1987, 『몽촌토성』, 서울대학교박물관·서울특별시

서오선 외, 1995, 『하봉리Ⅰ』, 국립공주박물관

서오선 외, 1990, 「천안 청당동유적 발굴조사보고」, 『휴암리』, 국립중앙박물관

서오선 외, 1991, 「천안 청당동 제2차 발굴조사보고서」, 『송국리Ⅳ』, 국립중앙박물관

서오선 외, 1992, 「천안 청당동 제3차 발굴조사보고서」, 『고성패총』, 국립중앙박물관

신경철, 외, 2003, 『김해대성동고분군Ⅲ』, 경성대학교박물관

안춘배, 1984, 『창원삼동동옹관묘』 부산여자대학교박물관 유적조사보고 제1집

이남석, 1996, 『오석리유적』, 공주대학교박물관

이남석, 1997, 『분강·저석리유적』, 공주대학교박물관

이남석, 2000, 『두정동유적』, 공주대학교박물관

이남석, 2000, 『용원리 고분군』 공주대학교박물관 학술총서 00-03, 공주대학교박물관

이영훈 외, 2004, 『진천 석장리철생산유적』, 국립청주박물관·포항산업과학연구원

이융조 외, 1983, 『청주 신봉동고분군발굴조사보고서』, 백제문화개발연구원

이인숙 외, 1999, 『파주 주월리유적』, 경기도박물관

임병태 외, 1994, 『미사리』 제3권 숭실대학교박물관 편, 미사리선사유적발굴조사단·경기도공영개발사업단

유기정 외, 2001, 『천안 두정동유적』, 충청매장문화재연구원

진수정, 2006, 『오산 수청동유적』 기전문화재연구원 학술조사보고제63책

차용걸 외, 2005, 『청주 봉명동유적』 조사보고제106책, 충북대학교 박물관

차용걸 외, 1995, 『청주 신봉동 고분군』 충북대학교박물관 조사보고제44책

충북대학교박물관, 1990, 『청주 신봉동 백제고분군 발굴조사보고서』

한영희 외, 1993, 「천안 청당동 제4차 발굴조사보고서」, 『청당동』, 국립중앙박물관

〈일본논문〉

東潮, 1982,「東アジアおける鐵斧の系譜-古代朝鮮の資料を中心として」,『森貞次郎博士古稀記念古文化論集』

東潮, 1997,『高句麗考古學研究』, 吉川弘文館

野島 永, 1995,「古墳時代の有肩鐵斧をめぐって」,『考古學研究』, 考古學研究會

奈良文化財研究所, 2004,『三燕文物精粹』, 遼寧省文物考古研究所編.

篠田耕一, 1992,『武器と防具〈中國編〉』, 新紀元社

古瀬清水, 1991,「3 鐵器の生産」,『古墳時代の研究-5生産と流通Ⅱ』, 雄山閣

奧野正男, 1994,『鐵の古代史2-古墳時代』, 白水社

小玉眞一, 1980,「鐵器」,『若宮宮田工業團地關係埋藏文化財調査報告』第2集

勝部明生, 1980,「弥生時代の鐵製武器」,『三世紀の考古學』中卷, 學生社版

花谷浩, 1999,「飛鳥池遺跡の調査成果とその意義」,『日本考古學』, 日本考古學會.

奈良文化財研究所, 2002,『飛鳥・藤原京展』, 朝日新聞社.